Vingt-trois lettres d'Amérique

DU MÊME AUTEUR

Théodore Monod
Plon, 1990, rééd. Payot, 1993

Mémoires d'un naturaliste voyageur
Agep, 1990

Voyage au Ténéré
Plon, 1991

L'Homme de la passerelle
Prix du Premier Roman
Éd. du Seuil, 1992

L'Archange perdu
roman
Mercure de France, 1994

Isabelle Jarry

Vingt-trois lettres d'Amérique

Fayard

© Librairie Arthème Fayard, 1995

pour Didier et Thierry

I

Samedi 16 avril

Très cher,
Voici presque une semaine que l'Amérique m'a capturée, et je suis encore dans cet état particulier aux arrivées dans les pays lointains. Émerveillée, abasourdie, stupide et perplexe. J'ai été prise dès la descente de l'avion dans un tourbillon qui m'a enveloppée sans que je puisse comprendre de quoi il s'agissait. Une sorte d'accueil circonvenant, un tour de passe-passe que nous jouent parfois les décalages trop rapides, quand tout à coup on se demande par quel étrange artifice on se retrouve si loin de chez soi.
Le printemps baigne San Francisco d'une lumière infiniment douce. D'innombrables fleurs s'affichent devant les maisons, dans ces petits jardins adorables qui donnent sur le trot-

toir, et les rues sont plantées d'arbres inconnus chez nous, dont les fleurs rouge vif forment comme un goupillon de poils soyeux au bout duquel jaillissent des étamines d'or. L'air sent l'eucalyptus, et la mer. Les couleurs des maisons sont celles des berlingots de l'enfance, douces et sucrées, ravissantes. La ville au petit matin a la fraîcheur des aubes d'été, quand rien encore n'a bougé au-dehors, et sur la plage qui s'étend devant la terrasse de Cliff House, à la pointe ouest de China Beach, quelques pêcheurs lancent leurs lignes dans le Pacifique.

Je ne saurais te dire à quoi j'ai passé mes journées depuis que je suis ici... À marcher dans la ville, à regarder dans les rues les autos qu'il me plairait de conduire, avant d'aller en louer une, à m'équiper de petit matériel de cow-boy, cordes, couverture, réchaud et quart en métal, à m'imprégner de l'atmosphère américaine, des mille détails pratiques qui font que l'on se sent vraiment à l'étranger, de l'air grisant, de la lumière dorée, à boire du vin californien, à humer l'air du large sur les hauteurs de Pacific Avenue, à vaincre enfin la trop grande rapidité avec laquelle j'étais venue, et qui me faisait dormir à six heures du soir, pour me réveiller à trois heures du matin. Des jours à la fois heureux et déboussolés, faits d'hésitations, de tergiversations et du sentiment de retard qu'inspire toute période de temps, aussi courte soit-elle, qui précède les grands voyages. On croit qu'il faut absolument se dépêcher, comme si l'on appareillait dans l'heure, quand on est seul pourtant à décider du départ, seul maître à bord et libre de changer d'avis à chaque instant.

Instants délicieux où l'on se hâte en vain, où l'on court, où l'on se perd en préparatifs imaginaires et inutiles — car tout était prêt déjà depuis Paris, il ne suffit que de partir désormais —, mais dont on se sert pour combler l'appréhension qui s'installe, pour museler l'excitation qui disperse, pour réduire les sentiments contradictoires qu'inspire soudain ce voyage dont on a rêvé trop longtemps. La réalité est toute proche, et il s'agit d'y entrer brutalement, comme on entre dans une eau froide par un plongeon irréprochable. J'ai eu besoin pourtant de ces jours indécis, de ces atermoiements, j'ai eu besoin de me perdre dans San Francisco, d'errer au matin dans les rues, de faire semblant de chercher quelque chose, de respirer fort, une dernière fois, avant le grand bond.

Je me suis rendue, en guise à la fois d'épilogue et de prélude, de l'autre côté du Golden Gate Bridge, là où la langue de terre vient fermer la baie par le nord. Ne s'offrent à l'œil que visions de plénitude et d'opulence de ces villégiatures luxueuses du bord de mer. Il y a dans la trop grande beauté de la baie de San Francisco comme une de ces perfections, une de ces excessives sophistications qui précèdent la perdition. La belle Amérique se montre, installée dans un cadre somptueux, magnifique, nimbée du brouillard si changeant qui soudain la masque aux regards, pour immédiatement la restituer, fraîche et comme régénérée, mais capricieuse, fantasque. Dès le pont franchi et les brumes percées, on atteint des collines aux formes émoussées, recouvertes de buissons d'un beau vert, serrés les uns contre les autres. Çà et là s'élèvent des arbustes jaunes, d'un jaune vert anisé, lumineux, et par-dessus encore jaillissent de gerbes de feuilles lancéolées des plumets blancs, brillants comme des lames, mais d'une matière aérienne, légère, dressés droit vers le ciel comme des flèches molles.

La nature, pourtant dirigée, n'a que faire du luxe environnant et de l'exquise atmosphère de Sausalito, elle est là, imposante, encerclant tout et l'on sent sa pression, insidieuse et puissante, qui jusqu'aux confins de la grande ville s'exerce, semblant tolérer seulement la présence des hommes, se rappelant à eux souvent par de brusques secousses, celles des tremblements de terre qui ébranlent à intervalles réguliers les bords de la légendaire faille de San Andreas.

Mais ces jours-ci tout est calme et serein, le printemps californien est magnanime sous la lumière dorée du soleil, et c'est une saison princière qui me reçoit, remplie de fleurs et de luxuriance, d'herbes et de plantes, d'arbres magnifiques.

À Stinson Beach, les jardins sont merveilleux. On s'y promène comme en un doux éden teinté de mélancolie, la mélancolie qu'on éprouve devant trop de beauté éphémère. Les pavots ouvrent leurs énormes fleurs de papier crépon, orange, jaunes, roses, rouge clair. Les camélias sont de vrais arbres, chargés de fleurs délicates qui viennent joncher les allées, une fois leur splendeur passée. Les glycines forment aux terrasses des plafonds mauves, et par centaines les longues grappes diffusent dans l'air du soir leur parfum de printemps, mêlé à celui des lilas, qui me font toujours si forte impression.

Dans ces jardins je me suis laissée bercer par l'air du soir, et par-delà les haies j'entendais l'océan gronder, noyé sous les nappes de brouillard.

J'ai marché sur le mont Tamalpais, dans les collines plantées de grands pins et de chênes verts gigantesques. Tout est plus grand ici, c'est épuisant. Veux-tu voir un arbre, un arbre simple et sans grandiloquence ? C'est impossible ! On ne trouve que des géants, des êtres puissants et magnifiques, qui couvrent de leur feuillage une surface considérable. Ils se dressent, face à la mer, et leurs branches accrochent des pans de brume, tels des voiles déchirés qui restent suspendus dans l'air. Au ras du sol, des fleurs aux couleurs piquantes, des coquelicots jaune vif, des papilionacées violet et blanc, des chardons roses, et quantité d'autres fleurs ravissantes, maculant les prés ras comme le font en plein été les fleurs des champs à la campagne. Allongé par terre dans l'herbe, on entend le bel océan fracasser ses rouleaux sur la grève et au ciel on voit passer les nuages, à toute allure.

Je pense à toi plus que jamais, et la douceur qui m'entoure me fait sentir plus brutalement la brûlure de notre séparation. Je mets au compte de la fatigue et du déboussolage la nostalgie qui m'étreint et me fait monter des larmes aux yeux par instants, mais je sais bien que le décalage horaire n'a rien à voir avec tout ça. Je t'embrasse.

II

Vendredi 22 avril

Ah! ça, mon cher, si je souffre de ton absence, c'est que je suis loin du retour. Me voici enfin sortie des villes et la mer me retient déjà de toute son énormité, les paysages m'emprisonnent à mesure qu'ils me captivent, et je demeure, clouée au sol de ce grand pays que je m'apprête à parcourir à pas de fourmi, minuscule sur le grand continent nord-américain.

En descendant de San Francisco, le long de la côte Pacifique, l'océan s'étale, outremer, sous le soleil de Californie. Les océans offrent toujours de grandioses visions, celui-là est d'un bleu marine lumineux, avec, autour des rochers, de petits fonds émeraude clair où se vautrent des lions de mer. La côte elle-même est aussi découpée que celle de Bretagne, mais s'ajoutent aux éléments atlantiques familiers des composantes que l'on dirait méditerranéennes, comme les eucalyptus et les pins parasols. On croirait reconnaître la Vendée et la Corse à la fois, et ce n'est ni l'une ni l'autre.

Au début du printemps, le mélange des couleurs est somptueux, celui des matières si étrange et incongru qu'on songe tout d'abord à quelque hallucination provoquée par une trop forte luminosité. À même le rocher gris clair, apparaissent des taches roses, blanches et jaunes, mais aussi des rouges profonds, des brique, des rouille et autres bruns végétaux sombres et veloutés. De petits tapis rose tyrien sont posés çà et là, et lorsqu'on s'en approche on découvre des milliers de fleurs minuscules, si serrées qu'elles ne laissent plus voir le sol. Là ce sont des lichens touffus d'un pourpre intense, plus loin de courtes plantes grasses aux feuilles charnues d'un vert jaune, puis de hautes graminées qui lancent vers le ciel leurs plumets blonds, sur fond d'herbes graciles, jaune vif.

Le long de la route qui suit de près la falaise, de grands arbres s'alignent, chênes et pins, eucalyptus immenses à l'écorce d'argent dont les feuilles se balancent au vent, parfumant l'air, et des séquoias, les fameux séquoias aux troncs dressés comme des mâts de navires, rouges et rugueux, à l'allure de pachydermes. Tu verrais cette écorce, on dirait une grosse peau d'animal...

Le plus souvent sur cette côte il n'y a pas de plage, et les vagues viennent s'écraser directement contre le rocher qui s'enfonce abruptement dans l'écume. Dans les criques, l'eau est si claire et transparente que l'on distingue chaque détail avec une netteté qui se prolonge jusqu'au sable du fond. L'une est remplie d'algues brunes, sorte d'élodée géante s'étalant dans l'eau comme une pieuvre, et un phoque s'y ébat, musardant au milieu des bras végétaux de l'algue mouvante, barbotant comme un gros bébé dans sa baignoire d'aigue-marine. Il bat doucement des mains et de la queue, sortant de temps à autre sa jolie tête hors de l'eau, clignant des yeux dans le soleil.
Une autre montre des fonds d'azur et de grenat, quand se rencontrent deux courants, glissant sur les rochers submergés où s'accrochent les longs rubans caoutchouteux des laminaires. Ailleurs, une colonie d'otaries encombre une petite plage et leurs enfants jouent à se laisser emporter par les vagues qui les ramènent ensuite, dans un mouvement de va-et-vient, malmenant leurs petits corps ronds et luisants qu'elles chahutent comme des paquets inertes et alanguis. Sur le sable les parents se traînent sans

hâte, déplaçant leurs énormes masses tachetées, se roulant les uns sur les autres, offrant leurs ventres blancs à la caresse du soleil, voluptueux et tendres, sensuels, formidablement paresseux. Bien sûr que je te dis tout cela à dessein, pour que tu t'empresses de venir, mais je n'invente rien, c'est exactement comme ça que se présente la côte aux alentours de Carmel. Hélas! l'eau est trop fraîche pour nous, et nous ne pourrions nous laisser maltraiter ainsi par la vague, il faut des bourrelets pour cela, de vrais bourrelets de bonne graisse. Mais quelle vie enviable que celle de ces phoques...

Par jour de chance et de temps clair, on peut voir passer les baleines grises. Elles remontent du Mexique et vont prendre au nord leurs quartiers d'été, dans l'océan Arctique, là où les eaux sont fraîches. J'étais à Point Lobos au bon moment, et j'en ai vu... On remarque d'abord le panache d'eau projeté en l'air, lorsque leur dos souffle, par trois fois, puis le mouvement de leur large queue, qui agite les flots tout autour. Majestueuses, ne laissant voir que leur dos constellé de bernicles, elles avancent lentement le long de la côte, accompagnées de leurs baleineaux qu'elles emmènent en mer de Béring.

Les oiseaux crient, survolant l'océan brillant, et l'on cherche Big Sur, où Miller s'installa, dont Kérouac chanta les beautés. J'ai cherché, je n'étais là me semblait-il que pour voir ce lieu magique, relisant en pensée le long poème dédié par Kérouac à la mer, à son chant, à ses gémissements. Mais Big Sur n'existe pas, sinon sur les cartes. Ce n'est qu'un nom, donné à une plage, une portion de côte, un site. Point de village, ni de repère particulier. On dépasse Big Sur, et l'on ne l'a pas vu... On revient en arrière, nulle construction, nul panneau, enfin l'on comprend. Les maisons sont cachées dans l'à-pic de la falaise, on ne voit même pas les chemins d'accès. Tout reste sauvage et bruyant, secoué par le choc du grand océan qui vient sans relâche frapper la côte. L'eau brille et la lumière éclabousse les crêtes des vagues lorsqu'elles viennent exploser contre le roc, et cela sur des kilomètres, à perte de vue, dans un éclat presque insoutenable.

Je me suis arrêtée au bord de l'eau, sous les pins, je me tenais debout sur la falaise qui surplombe le Pacifique, entourée d'une myriade de couleurs vives, noyée dans les effluves des eucalyptus qui se mêlaient au parfum des fleurs : face à Big Sur... Une simple idée de la lumière, de l'océan et de la volupté.

Je te voudrais ici. Je t'embrasse.

III

Mercredi 27 avril

Ça y est, j'ai laissé derrière moi la côte et la grande agglomération qui de Santa Barbara à San Diego s'étale le long de l'océan jusqu'au Mexique. J'y suis à peine entrée, de peur d'effacer les belles images que je gardais de la côte sauvage, et je prends maintenant la route des terres, qui conduit dans l'intérieur de l'immense continent. Sur la route... À partir ainsi sur les chemins du grand Ouest, j'ai la sensation de vivre ce fantasme d'homme qui foule du pied un territoire jamais exploité, jamais soumis, qui marque de son empreinte une surface que personne n'a pratiquée avant lui. Mais l'Amérique n'est pas une jeune fille tendre et timide, elle ressemble plutôt à une déesse puissante et belle, une femme devant laquelle on s'incline. Vierge peut-être, mais pas de celles qu'on prend de force... Un genre de beauté difficile, tu en connais certainement, de ces filles qui impressionnent, qu'on ne sait comment approcher, devant qui on ne peut plus faire le malin. L'Amérique a exactement ce genre de beauté, indiscutable et inaccessible.

L'automobile est inévitable, et à San Francisco j'avais choisi la mienne à la manière des autochtones, genre maison. *Station wagon* l'appellent-ils, autrement dit en français « break », mais avec cette longueur démesurée des modèles anciens qui fait d'une voiture un espace assez grand pour s'y sentir chez soi et y entasser des tas de choses, pour y dormir, pour y rester des heures à écouter de la musique en roulant à petite vitesse, loin des villes, loin de tout, plongé dans ce rêve de pionnier communiqué dès longtemps au monde entier par les immigrants fraîchement débarqués et qui découvraient ces espaces quasiment vierges, dans lesquels ils allaient tenter de s'installer. Le rêve caressé pour moi depuis l'adolescence, celui de l'Amérique en voiture. L'auto est une Chevrolet Caprice Classic couleur d'or, longue comme un autobus, superbe, à l'échelle du continent, majestueuse et trop grande !

En quittant la côte, j'ai défini sur l'atlas routier qui ne quitte pas le siège du passager mon territoire d'exploration. C'est un ensemble géographique qui de loin ressemble à un gros quadrilatère situé au sud-ouest du pays, assez mouvementé en apparence, mais pourtant cohérent sur le plan géologique. Je ne m'étendrai pas sur les formations rocheuses, les bassins, les plateaux, les déserts et les fleuves. C'est beaucoup trop compliqué et cela reste abstrait, même pour moi, simplement parce qu'il est impossible d'englober d'un même coup d'œil ces réalités physiques. On a beau savoir comment tout cela s'est constitué, les mots perdent leur sens dès que l'on se retrouve devant des immensités que le regard parvient à peine à couvrir. Et qu'importe que le désert de Mohave rencontre celui de Sonora, quand la seule vraisemblance de leur contact se résume au passage imperceptible d'un paysage à un autre, le long de routes que personne ne fréquente et qui se déroulent, en bandes grises sur fond clair, entre les reliefs et par-dessus les plaines, à travers d'immenses territoires vides.

Le plus frappant, à première vue, pour mon œil habitué aux petits espaces domestiqués, c'est la violence et la rudesse des paysages. Rien d'ordonné, rien de poli comme en Europe, rien de soigné ni de nuancé. C'est tout de suite heurté, brutal, énorme, grandiose. Démonstratif! Et Dieu sait si la pierre et la terre se montrent ici... Il n'y a que cela, même, les hommes n'ayant pas encore eu le temps de s'installer dans ces espaces démesurés. Ainsi la région qui s'étend au nord-est de Los Angeles n'est-elle pas très hospitalière, mais on y trouve toujours, de loin en loin, une de ces mini-villes américaines inscrites sur la carte telles de vraies agglomérations, et qui se résument à un ou deux bâtiments dans lesquels on vend à boire et à manger, ainsi que de l'essence et de la glace en pain.

Sur le chemin de Death Valley j'avance, laissant la voiture prendre son élan dans les pentes et rouler ensuite, portée par l'inertie, silencieuse et lourde, vers de nouvelles vallées. Laisse-moi te raconter ce premier contact avec ce qu'ici on appelle le « désert », et tu comprendras mieux de quelle beauté est faite la nature américaine. On entre dans la Vallée de la Mort comme on pénètre dans un lieu d'initiation. Des vallées se succèdent, de plus en plus encaissées et profondes, des monts pelés suivent, couverts d'éclats de pierre rouge, des montagnes enfin, que la route escalade péniblement. À chaque col, c'est une nouvelle perspective qui s'ouvre, plus large, plus rebutante. On n'en voit pas la fin... En fait on y est déjà, mais on ne le sait pas encore. Et soudain, au cœur de ce désert minéral, on comprend qu'on est arrivé. Mais ce que l'on a sous les yeux, ce n'est que la route étroite qui poursuit son ascension, ses zigzags et ses contorsions au milieu d'un gigantesque cirque. Death Valley, c'est tout l'espace qui déborde le regard, encercle notre petitesse et nous submerge de son énormité.

C'est désertique, certes, mais qui a vu le Sahara n'y trouve pas la rudesse des vrais déserts. La stupéfaction ici est d'un autre ordre. Ce qui frappe l'œil, plus que la profondeur imposante des lieux et la largeur des points de vue, c'est l'extraordinaire fantaisie des couleurs, des matières aussi. La pierre se fait chatoyante, comme pour séduire, teintée de mille fards. L'audace avec laquelle les nuances se sont mélangées rend l'endroit admirable, irréel. La roche change d'aspect sans cesse, là elle semble pulvérulente, ici veloutée, puis rugueuse, des nappes de sel brillent dans la lumière, aveuglantes, ailleurs viennent des dunes souples et douces, des rochers noirs, des plaques de boue claire desséchée, pétrifiée par les siècles, des successions de reliefs rose et jaune, ocre et carmin, bleu, ardoise, blanc, tilleul et moutarde.

On reste sans voix, incapable de voir tout à la fois, tant on est proche à chaque instant de la saturation. C'est énorme... d'une énormité compacte et brutale, immobile. Seuls les nuages qui voyagent dans le ciel changeant projettent leurs ombres sur les monts, lesquelles modifient les couleurs à mesure qu'elles se déplacent. Oui, le ciel était changeant et tourmenté lorsque je suis arrivée. Car Death Valley n'est pas tout au long de l'année la fournaise qu'on croit. Il y pleut parfois, au printemps, et le vent souffle alors par rafales qui soulèvent le sable blond, balayant en grands tourbillons les plaines salées et les montagnes, à perte de vue, déchaînant au ciel de sombres nuées, puis la pluie. On la voit tomber au loin, en longues franges molles descendant des nuages, grises lorsqu'elle est restée liquide, ou blanches lorsqu'elle s'est givrée en hauteur et qu'elle se transforme en un mélange de fine grêle et de neige. On dirait une chute infiniment ralentie, quelque chose comme un voile suspendu entre ciel et terre, et qui jamais n'atteint son but. Au premier plan, imperturbables, les couches de roche se superposent, chaque millénaire couvrant l'autre, chacun apportant sa teinte particulière, rehaussée par la pluie, terres de Sienne et bruns roux, pourpres et parmes, verts gris et bleus, jaunes pâles ou lumineux, blancs bleutés, rosés, orangés, gris clairs et foncés, céladons et opales... Un rêve de géologue et de peintre à la fois.

On ne voit jamais l'eau, qui sous terre nourrit les plantes. Des plantes endurantes à la chaleur, jaunies et desséchées, sortes de boules de tiges entrelacées, sans plus de feuilles, des squelettes blancs en forme de ballons légers piquetant les flancs des collines, mais aussi par endroits de grandes explosions végétales, des massifs vert vif, des cactus argentés, des arbustes aux minuscules feuilles vert tendre, des fleurs jaunes, des tapis violets qui côtoient les étendues de sel immaculé.

Sur les pentes du Telescope Peak, poussent des pins et des genévriers hors d'âge, torturés à la fois par le froid et la chaleur, convulsés sur eux-mêmes, endoloris aujourd'hui sous la couche de minuscule grêle, demain brûlés par le feu du soleil. La violence du paysage n'a d'égale que celle avec laquelle on prend conscience de notre petitesse, et de l'instantanéité de notre présence sur Terre face aux millénaires étalés. Notre vie tout à coup semble se réduire à cet instant. Un souffle, une seconde... devant l'immensité. Énormément de solitude, aussi, qui vient amplifier l'angoisse de se découvrir si cruellement vulnérable. Car si l'on ne risque pas de mourir dans la Vallée de la Mort, on est sans cesse confronté à l'idée de sa propre mort, dans la question que nous posent ces paysages désolés et grandioses, indifférents à notre insignifiance. L'homme est exclu de cette nature-là, il n'y a pas sa place, il y est aussi incongru qu'un astronef sur la Lune, et toute la beauté de ces couleurs sublimes nous est jetée à la face comme autant de luxe inutile, injustifié et dépourvu de sens. La perte de mes illusions commence... Et tu me manques.

IV

Samedi 30 avril

Te souviens-tu des films où une petite troupe de desperados épuisés traverse des plaines brûlées par le soleil, avec pour seul décor les cactus *saguaro*, ces grands candélabres annonciateurs d'une fin proche, et la poussière, le sable, le rocher, et la poussière encore ? Nous en avons vu des dizaines ensemble, de ces films où les carabines hurlent dans le silence... Eh bien ! j'y suis. C'est à la fois très familier et d'une réalité suspecte : suis-je moi-même en plein film ? Non, je suis en Arizona...

Je ne me figurais rien de l'Arizona, tout juste si je savais que tous ces beaux westerns avaient été tournés ici, dans cet état « cédé » par le Mexique en 1848, quarante-huitième étoile fixée en 1912 au drapeau de l'Union. « Du désert, de la terre d'Indiens ! », ont dû penser les Mexicains en laissant tomber dans l'escarcelle américaine l'Arizona et le Nouveau-Mexique. C'était compter sans le génie de ceux-là à fabriquer des mythes... Et voilà né celui du cinéma des grands espaces, en Technicolor ! Et toi, qu'imagines-tu de l'Arizona ? Des cactus *saguaro* posés sur la plaine, des canyons arides et dangereux, des « bip-bip », les *road-runners* des dessins animés qui traversent la route à toute allure, la queue en l'air ? Il y a tout cela, en effet, et aussi d'autres choses encore, que je vais te raconter, en partant du sud pour l'instant, avant de remonter vers les terres rouges du nord.

Je voyage au gré des fantaisies inspirées par le cartographe qui a mis des couleurs que chaque matin je regarde, choisissant la direction du jour en fonction de mon humeur, rose, verte, parfois jaune, ou orange, cela dépend. Mais jamais ne correspondent aux « couleurs » les territoires abordés. C'est une surprise permanente, un émerveillement de chaque instant.

Bordant par le sud la frontière mexicaine s'étend une réserve de cactus. Je dis « réserve » pour ne pas employer « parc national » ou « monument national », les mots à l'oreille me paraissent ronflants et peu évocateurs. Et puis les Américains n'ont-ils pas circonscrit leur nature comme ils l'ont fait des Indiens, parqués sur des territoires réservés ? Organ Pipe Cactus

National Monument est donc la réserve officielle des cactus, jamais je n'en ai vu autant de variétés, et d'aussi belles. On dirait un jardin, tant la végétation y est ordonnée, comme « plantée » à la main. Mais un jardin de la taille d'une forêt, d'une très grande forêt, pas un de ces petits parcs ridicules comme nous avons chez nous. Ici, on fait les choses en grand, bien entendu ! L'*organ pipe* est un cactus rare aux États-Unis, en forme de tuyau d'orgue, comme son nom l'indique. Des bouquets de tiges cannelées d'un vert soutenu, garnies de piquants courts et hautes souvent comme un homme, sont posés çà et là, au milieu des autres espèces, bien arrangées en une composition harmonieuse et équilibrée. Exactement la manière dont on aurait l'idée de composer un parterre sec... Les *saguaro* dominent par la taille, lançant vers le ciel leurs longs bras implorants. Mes préférés sont ceux dont les bras, encore courts, se gonflent contre le tronc tels de petits biceps combatifs et pleins d'énergie. On dirait qu'ils vont boxer... Le tronc est droit comme un cierge, vertical, mais les formes des bras sont hallucinantes, les silhouettes les plus invraisemblables surgissent, toujours surprenantes. La nature s'amuse avec ces cactus, elle se moque, c'est sûr.

J'ai un faible pour les *teddy bear cholla*,

d'adorables cactus hauts sur pied, dont les branches sont hérissées de piquants transparents, si serrés que de loin ils ressemblent à un pelage, une fourrure de verre dans laquelle joue la lumière. Les « raquettes » — des *opuntia* à tiges aplaties truffées d'aiguilles courtes — sont en fleur. De somptueuses fleurs rouge vif ou jaune éclatant, d'une matière semblable à de la soie très fine. Des bijoux posés sur des écrins d'agressivité... Les *saguaro* fleurissent également en ce moment, de petites fleurs blanches qui s'installent en couronnes au sommet des bras. Et les *organ pipe* s'ornent de fleurs mauves, délicates et discrètes, qui s'ouvrent au coucher du soleil. Tu vois qu'on me reçoit dignement !

Même les *ocotillo* ont fait des feuilles et des fleurs. *Ocotillo* ne se traduit pas, l'espèce est endémique et on ne la nomme pas en français. Imagine des tiges de bois, partant du sol, complètement nues. Austère, très austère ! Une petite pluie et les feuilles apparaissent, de minuscules feuilles vert vif, ovales et finement vernissées, qui s'accrochent aux branches directement, sans même un pétiole. Quelques gouttes d'eau encore et ce sont les fleurs qui sortent, de ravissantes grappes rouges qui viennent terminer les tiges vertes, telle une ponctuation en négatif. Très élégant ! Le minimum, mais fait avec distinction.

Les cactus sont des plantes chic, de façon générale. Ils ont le cachet de la sobriété, le raffinement des matières précieuses, dosées au compte-gouttes. Je n'en ai jamais été particulièrement entichée, mais je dois reconnaître qu'ici, ils se surpassent. Je ne te les décris pas tous, ce serait trop long, sache seulement qu'ils sont incroyables. J'ai l'impression d'avoir sous les yeux une collection de vieux beaux, un peu affectés dans leurs manières et légèrement dédaigneux. Que veux-tu ! c'est difficile de leur témoigner beaucoup d'affection... Ils ont beau tendre leurs bras et leurs excroissances fleuries, quelque chose reste décourageant dans leur aspect. Au moins restent-ils dignes, et n'en voit-on pas se répandre en lamentations, comme certains arbres relâchés et trembleurs... Tout est tonique dans ce paysage, les plantes se tiennent droites, un peu rigides même, et les cailloux ne laissent pas de place à la terre meuble. Nous sommes au pays du dur et sec.

Il fait déjà chaud, bien sûr, en ce début de printemps. La chaleur se lève dès l'aube et grandit jusqu'au milieu de l'après-midi. Une bonne chaleur brûlante, un souffle ardent qui dessèche et altère. Pas d'air, pas de nuages, mais un ciel imperturbable et limpide sur cette végétation d'une patience à toute épreuve. Peu d'animaux, cachés le plus souvent et donc invisibles. Quelques lézards cependant, rapides et fébriles, des serpents dont on voit les traces sinueuses dans la poussière jaune, et de ces lapins aux grandes oreilles, les *jack rabbits* des dessins animés. Des oisillons viennent de naître et les parents les ont installés par deux dans des cavités creusées au cœur des branches de cactus. Protégés par un rideau de piquants, logés au plus étroit dans un creux rembourré, ils dorment côte à côte, revêtus du plus léger duvet des nouveau-nés. On voit leurs petits corps se soulever au rythme des respirations, et c'est ravissant de voir la vie si fragile et si proche.

Il n'y a personne dans cette réserve. Je passe des journées à pied dans les collines, sans rencontrer âme qui vive. C'est tout à fait boudé, peut-être en raison de la localisation, plutôt excentrée. Seuls les camions venant du Mexique tout proche traversent la réserve. On les entend la nuit, roulant à tombeau ouvert sur la petite route qui mène aux premières villes d'Arizona, à deux cents kilomètres de là. Et puis il n'y a pas d'endroit où se loger... Pas de motel, pas de chambres d'hôtel. Personne ne vit ici, c'est trop aride! Je dors sous la tente, au milieu des *ocotillo* et des buissons de créosote, et ce n'est pas désagréable. Je pense à toi au coucher du soleil, quand la plaine s'embrase et que ne demeurent sur le fond cramoisi que les silhouettes des grands *saguaro* aux formes étranges, formant soudain comme une armée immobile et solennelle, impressionnante. Les épines des *cholla* brillent d'un dernier éclat cristallin avant de plonger dans la pénombre des espaces où l'obscurité ne se fait jamais tout à fait, tant les cieux sont purs. Je t'embrasse, teddy bear.

V

Mardi 3 mai

T'entendre, te lire, te parler, tout cela me manque. Cette correspondance ressemble à une conversation truquée, où un seul parle sans que l'autre puisse répondre. Mais je suis sans adresse dans la vaste Amérique et tes lettres, si tu en écrivais, ne pourraient m'atteindre. Je me résigne à te laisser entier le plaisir de recevoir, plaisir égoïste et voyeur qui jamais ne dévoile et laisse l'autre avancer en terrain découvert. Mon seul lien pourtant avec toi sont ces lettres que je t'écris, et ma seule consolation l'idée que peut-être tu les attends, les espères et les dévores inlassablement.

J'ai quitté le parc des cactus et je suis partie vers l'est, à travers la morne réserve des Indiens Papago, délimitée par des barbelés qui longent la route sur des kilomètres. Le terrain est indien, mais la route est d'État, donc accessible à tous. Et c'est soudain comme si l'on marchait sur un pont étroit, avec autour un espace interdit, le vide ou la jungle. Sensation de malaise... Et toujours personne, si ce n'est quelques *pick-up* d'Indiens — ces voitures dont l'arrière est un plateau —, qui roulent à folle allure et me doublent dans un grand nuage de poussière ocre.

Les *palo verde*, de jolis arbustes à fleurs jaune vert, font des taches de couleur dans le paysage, relayés au sol par les petits cactus en boule, surmontés de leurs fleurs de crépon rose vif. À part ça, la région est désolée, d'une grande tristesse, et les caravanes qui semblent être les maisons des Indiens sont déglinguées et ouvertes au vent, posées à même le sol poussiéreux, sur des terrains jonchés de détritus où jouent de petits enfants, à demi nus.

Tucson, dont j'attendais beaucoup, m'a déçue. Sans doute est-ce inévitable lorsque des choses on se fait une idée trop précise sans jamais l'avoir confrontée à une quelconque vraisemblance. J'imaginais une petite ville à l'allure mexicaine, écrasée de soleil, avec des places et des bars ouverts tard la nuit, des architectures basses, des murs peints à la chaux, et je n'ai trouvé qu'une vilaine bourgade américaine, sans centre, déserte, éparpillée sur des kilomètres et silencieuse, terriblement silencieuse. De charmants pâtés de maisons pourtant, cachés dans les faubourgs, et une très belle mission espagnole du XVIIIe, plantée au milieu du désert qui encercle la ville, immaculée sous un ciel bleu vif strié de longs nuages poudreux. Le fronton de pierre sculpté rappelle les façades de Tolède. Des femmes en noir accompagnées de jeunes enfants vêtus de dentelle blanche viennent y prier. À l'intérieur, des fresques aux couleurs éclatantes et des statues de bois peinturlurées racontent avec vivacité les histoires édifiantes des saints chers aux conquistadores. J'oublie un instant que je suis aux États-Unis... Le soleil se couche lentement sur San Xavier del Bac et son jardin de palmiers et de cactus plats. Un dimanche se termine, aussi teinté qu'ailleurs de mélancolie et d'ennui.

J'avais vu un lac sur la carte, j'y suis allée. Je croyais traverser une forêt en chemin (la carte s'ornait de larges flaques vertes), je n'ai rencontré que des collines recouvertes de buissons courts et de *saguaro*. Des milliers de cactus, dressés comme des hommes, à perte de vue. C'est très beau... Leurs formes sont si fantaisistes, parfois c'en est comique ! Le lac en question est une retenue artificielle, créée sur la Salt

River au temps de Théodore Roosevelt, dont il porte le nom. Pas de ville autour, pas de maison, pas de ferme ni d'exploitation, rien d'autre que les vallées qui se succèdent et les monts recouverts de cactus et d'*ocotillo*. Encore des lapins aux grandes oreilles, des oiseaux, des serpents et des scorpions, des coyotes, des vautours et des chiens de prairie. Peu habitués à être dérangés, ils ne craignent pas l'homme et vaquent à leurs occupations sans se soucier des visiteurs. Les lapins sont d'une familiarité extravagante... Je ne me lasse pas de ces petites perdrix grises portant sur leur tête rouge sang un plumet noir qui revient en casquette vers le devant du crâne. Elles se déplacent souvent en couples, cavalant en zigzag, l'air toujours égarées. Les Américains les appellent « cailles de Gambel ».

Il n'y a rien à faire ici, à part peut-être naviguer sur le lac, mais je n'ai pas de barque. Le silence est absolu, la quiétude complète ! C'est presque trop. Évidemment, il n'y a personne. On croirait ce pays déserté par ses habitants... Je n'ai donc rien fait au lac Roosevelt, mais j'ai vu. Et ce que j'ai vu est l'un des plus beaux spectacles naturels qu'il m'ait été donné de voir. Je dois t'avouer qu'il ne s'agit que d'un coucher de soleil, mais celui-là était de nature exceptionnelle, presque surnaturelle. Écoute bien...

D'abord le soleil est parti se coucher en rougissant l'horizon, comme d'habitude. Il descendait lentement derrière les collines et a fini par disparaître complètement. Pour l'instant, rien que de très ordinaire... Mais deux ou trois minutes plus tard, le paysage s'est embrasé, comme illuminé brusquement par un coup de projecteur orange, une lumière venue de nulle part et qui enveloppait la Terre de ses rayons de feu. Tous les arbustes sont devenus rose orangé, le sol, la voiture, le chemin, la peau de mes bras et de mes jambes, mon visage se sont teintés de la même nuance corail, et les nuages au ciel reprenaient des couleurs, saumon foncé, violet sur les bords, rose vif et ocre rouge. Et ce n'était pas qu'un halo, un voile opaque, non! c'était une vraie lumière, brillante, une sorte de vernis projeté brusquement à la surface de la planète. Tout était devenu vermillon clair et tournait au carmin. Sublime...

Cela durait, il ne s'agissait pas d'un sursaut, d'un tressaillement, mais bien d'un second coucher de soleil, alors que le soleil déjà s'était éteint. Sans doute traversait-il, au-delà des collines derrière lesquelles il avait sombré, une couche de nuages qui n'était plus visible et qu'il éclairait par en dessous. L'endroit où je me trouvais recevait le reflet de cette lumière que les nuages renvoyaient tel un miroir. Je regardais de toutes mes forces, j'essayais de conserver chaque image avant qu'elle ne change et ne laisse la place à une autre nuance, je tentais d'embrasser des yeux tout l'horizon et la plaine entière, les monts qui bordaient le lac et le ciel lui-même, bouleversé par les nuées pourpres. Je savais que je ne reverrai jamais cet instant, que jamais plus la même lumière ne tomberait sur cette petite partie de terre, et tout fuyait, sans précipitation mais fuyait tout de même, en de grands mouvements amples et souples, jusqu'à ce que le soir vienne éteindre l'incendie et qu'au rose brûlant fasse place le bleu sombre de la nuit.

Ne sont restées au ciel que des milliers d'étoiles, enserrées dans de minces écharpes de nuages transparents éclairés par la demi-lune. Et je songeais, à la lueur du feu que j'avais allumé, à la violence de l'éphémère beauté. Plus brutal est le choc que provoquent de tels spectacles lorsqu'on sait qu'ils vont disparaître dans l'instant. On ne peut les reproduire, on ne peut les capturer, on ne peut que les contempler et jouir de leur splendeur maintenant, immédiatement. Il y a comme une urgence qui rend la vision douloureuse, et teinte l'enchantement d'une amertume particulière. Lorsque tout est fini, on se retrouve seul dans le silence du crépuscule, démuni et floué. On pense aux milliards d'hommes qui avant nous ont levé les yeux vers le ciel, à l'heure du soir, pour voir disparaître la lumière. Instant fugitif où l'être écoute la terre, cherchant dans la respiration de la planète l'écho de cette angoisse qui monte en lui à la fin du jour, quand tous les animaux se sont tus et que commence la longue nuit...

Je te serre fort dans mes bras et je t'embrasse.

VI

Samedi 7 mai

Il fait si chaud que je ne peux rester en place, je ne suis bien qu'en voiture, les vitres grandes ouvertes, en mouvement. J'avais repéré sur la carte ce que les Américains appellent une *dirt road*, nous dirions une piste, il n'y a là-dessus pas de goudron mais des pierres concassées et beaucoup de poussière. Non que je les préfère aux belles routes lisses, droites et confortables des campagnes, mais souvent ces *dirt roads* traversent des paysages plus sauvages, plus rudes. Ce sont à mes yeux les plus beaux. La route qui conduit du lac Roosevelt aux faubourgs de Phœnix, Arizona, traverse le territoire des Apaches le long de la Salt River, elle serpente tant bien que mal au flanc des collines qui tombent droit dans la rivière, trempant leurs pieds vert clair dans les eaux turquoise des méandres du cours d'eau. Dans cette région brûlée par le soleil, desséchée par l'aridité et la chaleur, la rivière ressemble à un joyau surnaturel. Sa couleur, d'émeraude éclatant, tranche sur les teintes ambiantes d'ocre rouge, de gris flou et de vert poudreux. Les coteaux qui la bordent sont couverts d'assemblages de cactus toujours bien rangés — grands *saguaro* et divers *opuntia* —, d'*ocotillo* et de *palo verde* en fleurs. Une vision impressionniste, pointilliste, vibrante de chaleur, et en bas le trait cru de l'eau, précis, qui contraste par sa netteté et son unité. Un à-plat de laque sur fond de couleurs brouillées.

La rivière s'élargit pour devenir le lac Apache, autre retenue artificielle tout en longueur, dont les eaux brillent comme des pierres précieuses sous le soleil. La route alors s'éloigne de la berge et s'enfonce dans ce qui fut autrefois le grand pays des Apaches et l'on comprend mieux en voyant leur territoire qu'ils aient résisté si longtemps à l'envahisseur. Les rochers grossissent tout à coup, ce ne sont plus des collines douces mais des amoncellements de pierres, gigantesques, dressés en falaises. Les surfaces se couvrent de lichens, les uns vert anis, presque phosphorescents, et d'autres gris souris, plus épais. On dirait un pelage, une fourrure rase à même la pierre, comme une peau vivante d'animal. C'est très beau et un peu effrayant.

Des canyons apparaissent au loin, striés de couches horizontales, comme des piles d'âges géologiques entassés. La route zigzague et tourne sans arrêt, à l'assaut des reliefs abrupts. D'Indiens, point, la réserve actuelle ne couvre pas cette partie de leur ancien territoire, mais on s'attend à chaque instant à les voir surgir en rang au sommet d'un à-pic, à cheval, leurs arcs en main. Pauvres Apaches, dont la grandeur perdue hante ces monts et ces rivières, désormais désertés et livrés au souffle brûlant du vent qui court sur les pentes des rochers comme les langues de feu d'un dragon dévastateur... Où sont-ils aujourd'hui ? Que reste-t-il de l'héroïsme de leurs guerriers, de leur belle cosmogonie qui mettait en scène l'espace immense et l'insurmontable nature ? Leurs âmes hantent-elles encore ces lieux qui furent les leurs, ou tout a-t-il disparu avec les derniers survivants ? Je ne peux m'empêcher de penser à l'odieux massacre de ces peuples. L'Amérique me ramène sans cesse à sa terrible violence.

Des collines, on rejoint la rivière juste avant d'arriver à Tortilla Flat. Je connaissais le roman de Steinbeck, mais je ne crois pas l'avoir lu et j'ignorais ce qu'était réellement Tortilla Flat.

Maintenant je le sais ! C'est un ancien relais de poste, un bâtiment de bois où l'on peut faire halte, faire reposer ses chevaux et se restaurer. C'est du moins ce à quoi cela servait au XIXe siècle, car désormais plus personne ne vient ici à cheval. Plus personne n'y vient non plus en voiture, et l'on a conservé le *trading post* uniquement en raison de la célébrité du nom[1]. Six habitants y vivent qui sont à la fois tenanciers de bar, postiers et vendeurs de cartes postales. Derrière le comptoir, une jolie fille s'empare de mes lettres, attrape un tampon sous le bar, estampille le courrier et le tend à un grand type à queue de cheval qui le jette dans une sacoche. Maigre, tatoué au bras, l'homme ressemble à un Henry Fonda très abîmé dans n'importe quel film de John Ford, où les fusils se seraient tus. Mais ce n'est que l'employé des Postes, le facteur qui s'est arrêté boire un verre et qui s'attarde. Dehors, la voiture bleue de l'United States Post Office l'attend, portières ouvertes.

De l'autre côté de la route poussent des trembles dont les chatons plumeux s'envolent au vent par-dessus la rivière. Pas un bruit, pas un chat, Tortilla Flat vit au rythme des journées anciennes, loin de l'agitation de la grande ville

---

1. Qui n'a, par ailleurs, rien à voir avec le livre de Steinbeck, Tortilla Flat étant dans son roman un quartier de Monterey, petite ville de la côte californienne.

proche. Le temps ici s'est arrêté, et c'est comme une respiration, un sas de transition avant d'affronter les faubourgs de Phœnix... Apache Junction bientôt va marquer l'entrée en ville, la limite sud-est de ce réseau tentaculaire qui s'étend à plat au milieu de la verdure, oasis aplatie, écrasée de chaleur, absurdité hallucinante de fraîcheur au milieu de l'aridité.

Nulle part plus que dans les villes je me sens étrangère, étrangère à ce pays qui me laisse aussi désemparée que les plus lointaines contrées, dont les repères sont si différents des miens, si surprenants. Dans les villes je me sens perdue, plus que partout ailleurs. Je traîne dans les longues artères rectilignes, dans la chaleur écrasante de midi, ne sachant même pas ce que je cherche. Je vais au musée, à la piscine, aux courses de lévriers... Tout cela me paraît absurde, et c'est dans ces moments de perte profonde des liens avec mon environnement ordinaire que ma propre identité m'échappe le plus. Pourquoi suis-je là ? Que m'apporte ce voyage ? Dans la ville, la nature me manque, alors qu'elle est pourtant plus proche ici que dans les cités européennes, encerclant les faubourgs, les harcelant aux contours. Mais je ne me sens bien qu'au milieu des arbres et des pierres, car au moins ce sont d'autres êtres, reliés au temps et à l'espace de façon logique et cohérente, rassurante. Dans la nature, la justification de ma présence s'impose de manière évidente : je suis un être vivant parmi d'autres, et tout est simple. Tandis qu'en ville je ne suis rien, je ne connais personne, je n'ai nul lieu où aller qui me soit familier. Hors des villes je n'ai besoin que d'un espace pour planter ma tente, d'un peu d'eau, d'un peu de bois et de quelques provisions. C'est facile, et la nature américaine est presque toujours belle, car les hommes dans ces espaces immenses n'ont touché à rien, ils n'ont pas pu, tout est trop vaste et trop résistant, trop solide... Pourquoi rester plus longtemps à Phœnix, Arizona ? Je filerai dès demain vers le nord, en direction de la province de Yavapai. Seuls les noms ici sont restés indiens !

Je t'envoie mille pensées du haut du Squaw Peak, dont j'ai fait l'escalade au coucher du soleil. À mes pieds la ville s'étale sur le fond vert de ses jardins artificiels, la rumeur des autos monte jusqu'à moi et dans le ciel des avions s'envolent, presque toutes les minutes, laissant derrière eux de grandes traînées rougeâtres qui strient le ciel orange.

Tu me manques autant que les Apaches manquent ici à leur terre.

VII

Mardi 10 mai

Me voici dans le rouge. Un rouge assassin, couleur de sang, un rouge de massacre et de souffrance. Mais c'est la pierre qui souffre cette fois, on la dirait écorchée, pelée à vif. Rien ne laissait prévoir ce changement de couleur, depuis Phœnix je roulais dans le jaune et gris, sur une plaine désolée d'où surgissaient des petits monts couverts de buissons et de poussière. Et puis tout à coup, au détour d'un virage, la couche rouge est apparue, la pierre avait soudain pris une teinte écarlate, et le paysage entier s'élevait en reliefs vermillon, piquetés çà et là d'arbustes vert foncé.

J'entre par Sedona dans la région des canyons, et déjà les couches horizontales s'accumulent, formant des buttes qui se déchiquettent par les côtés, par le haut, pour donner ces formations ruiniformes qu'on dirait prêtes à s'effondrer. Pas de mélange de couleurs cette fois-ci, que du rouge, ce rouge brique soutenu, mélange d'ocre rouge et de carmin, d'oxydes de fer et d'hématite. C'est impressionnant, et lorsque le soir vient cela s'embrase, l'horizon se transforme en une large nappe de sang, les énormes édifices de pierre semblent comme plongés dans un bain de colcotar, passés à la sanguine.

J'ai marché dans ce paysage. On y trouve des chemins, aménagés par l'homme, mais certainement trop peu pratiqués pour être entretenus. On y fait quelques mètres et déjà ils se perdent, se dédoublent, partent vers des buissons, montent à pic. Non ! ce ne peut être un passage... On cherche autour, puis on abandonne et on va au hasard, le long des hautes buttes que l'on contourne indéfiniment, à mi-hauteur, jusqu'à ce qu'un obstacle, un arbre planté à même le flanc, un éboulis des couches supérieures, une pente trop raide forcent à rebrousser chemin ou à descendre. Car l'intérêt bien sûr est de marcher en hauteur. On trouve toujours un surplomb, un léger rebord où poser ses pieds. Imagine une gigantesque pile d'assiettes toutes différentes, de diamètres variables, sur laquelle il te faudrait grimper... Il y a de ces empilements à perte de vue.

Vu de haut, tout est plus beau, on domine la plaine couverte de genévriers, d'agaves en fleurs et de trembles. Le vert sombre, lumineux de la végétation et le rouge de fer, d'égale intensité, s'opposent en un contraste violent qui heurte l'œil et le captive. On peut marcher des heures autour de Sedona, escalader les rochers en s'agrippant aux branches des genévriers, monter toujours plus haut, redescendre et suivre le lit de fleuves asséchés, perdus au milieu des arbres, faire son chemin dans ce paysage infini, désert. Nul ne vit là, que les habituels animaux. On y est seul, dès qu'on accepte de se perdre un peu.

Alors que je partais pour une marche, un après-midi, j'ai été surprise par la pluie. J'avais suivi en voiture une piste qui conduisait au départ d'un chemin balisé. La route, non goudronnée, formait un ruban rouge qui serpentait à travers les chênes verts et les érables sycomores. Déjà les gouttes de pluie en s'écrasant sur la poussière dessinaient de petites étoiles, de plus en plus proches. J'ai garé la voiture sous un arbre, dans la clairière d'où partait le chemin de randonnée et j'ai attendu, allongée sur la banquette arrière. Puis je me suis endormie, et lorsque je me suis réveillée, deux heures plus tard, la pluie avait cessé mais le rouge des pierres s'était transformé, avec l'humidité, en une pourpre soutenue. Par la fenêtre de la voiture, je voyais au-dessus de moi les feuilles des arbres s'agiter sur le fond vermeil. Je suis restée un moment immobile, à regarder ces couleurs incroyables. Il y avait dans cette pluie inattendue, après les jours de chaleur et de sécheresse, une mélancolie étrange, une nostalgie propre à l'eau qui adoucit tout, à l'averse qui plonge le paysage dans la brume et met comme un écran entre la nature et nous. C'était un plaisir triste, aussi triste que lorsque la pluie tombe à Paris, ou sur la campagne française, à la fin de l'été, marquant le début de l'automne. Je me sentais désemparée, désolée. J'étais seule.

J'ai repris la route, je n'avais plus envie de marcher. Le ciel, où revenait le bleu, était encore chargé de nuages gris clair. Il ne m'est pas venu à l'esprit de rester jusqu'au lendemain, j'ai quitté Sedona et ses rouges falaises.

La route qui mène à Flagstaff longe la rivière Oak Creek en ondulant. Les arbres se font plus touffus au fur et à mesure que l'on avance, plus verts, plus larges. Et l'eau bondit entre les berges rocailleuses. Bientôt les pins apparaissent, les *ponderosa* du continent nord-américain, semblables à des flèches effilées. Et l'on s'élève en altitude, à travers la Coconino Forest. Lorsqu'on arrive à Flagstaff, il fait frais, la ville ressemble à une petite bourgade des Alpes suisses et au loin la neige brille au sommet du Humphrey Peak et des San Francisco Mountains. La pluie a cessé mais l'air reste humide et froid, je frissonne, j'avais oublié cette sensation pénétrante et désagréable.

Rien d'autre à Flagstaff que la légendaire route 66, rongée de nids de poule et toute crevée, remplacée depuis des années par l'Interstate Highway 40, neuve et impeccable. On a conservé la chaussée usée de la *sixty-six* pour le souvenir et l'Histoire, et les panneaux de signalisation d'antan. Des routards y viennent en pèlerinage, je ne sais ce qu'ils espèrent y trouver.

Je poursuis vers le nord. Je me suis arrêtée dans la forêt qui couvre le plateau pour ramasser du bois. J'en aurai besoin pour faire du feu. À cette altitude, il fait froid le soir. J'ai rempli l'arrière de la Chevrolet de grosses bûches de pin *ponderosa*, qui sentent bon. Demain je serai au Grand Canyon.

Je t'embrasse, je ne sais comment te dire à quel point une petite visite de toi serait la bienvenue. Cette nature pour moi toute seule, c'est beaucoup trop...

VIII

Vendredi 13 mai

Grand Canyon... J'essaye de t'écrire depuis deux jours, sans succès. Comment décrire ce qui m'entoure ? Le site est démesuré, comparable à rien de connu ou de familier, et d'une taille si impressionnante, d'une structure si confondante qu'il est impossible de l'appréhender vraiment. Aucun adjectif de notre vocabulaire ne peut qualifier ce monument naturel. Je suis à la fois fascinée et bouleversée. Par moments je ne peux plus regarder tant la vision est vertigineuse. C'est un vertige en deux dimensions, spatiale et temporelle, et c'est peut-être ce qui rend l'endroit hallucinant. Je reste confondue, abasourdie, stupide. J'ai peur, je veux me sauver, j'ai froid, je veux mourir. La nuit il gèle et je grelotte dehors, devant mon petit feu, entre le moment où le soleil se couche et celui où je rentre dans la tente. Je me recroqueville dans mon duvet et je pense aux millénaires de la planète, aux milliards de millénaires de l'univers, et cela me déprime tant que je voudrais perdre conscience définitivement et ne jamais me réveiller.

Le jour, j'arpente le canyon dans sa dimension verticale. Je veux prendre part à cette énormité géologique, la parcourir, même si je n'en foule qu'une minuscule partie. Je veux me rendre compte, toucher le monstre des mains et des pieds. Il n'y a qu'à pied que l'on peut tenter de saisir de quoi il s'agit, car les distances sont si longues qu'elles laissent à l'esprit le temps de voyager, et de se calmer. Et l'on s'enfonce, de couche en couche, vers l'origine la plus basse et la plus lointaine, on traverse les millions d'années en une lente descente aux enfers, interminable, épuisante, entêtante. Lorsqu'on arrive au-dessus du Colorado, presque en bas, il faut remonter, et c'est en levant les yeux que l'on comprend l'inhumanité du rythme naturel de la Terre, la puissance invisible du temps, la vanité des structures les plus solides. La remontée ressemble à une épreuve non pas tant physique mais mentale. Se voir ainsi réduit à si peu, c'est insoutenable ! Les derniers kilomètres sont exténuants, bien sûr, mais ce n'est rien face à l'abattement que provoque la violence du choc.

Le Grand Canyon fait mal au cerveau, à force de poser inlassablement la question du temps et de notre propre brièveté, de la brièveté de l'histoire de notre espèce elle-même. Trois millions d'années ici ne sont rien, c'est affreux. Ajoutée à cette interrogation permanente, cette torture imposée à l'esprit, il y a la beauté du canyon, si renversante qu'elle me donne envie de mourir. C'est une beauté si profonde et si peu humaine, si absolue, qu'elle en est douloureuse. Elle heurte, elle blesse presque.

Rien ne m'a été épargné en matière de spectacle. J'ai même eu droit à un orage, un spectaculaire orage de fin du monde, grandiose et terrible. Assieds-toi et écoute bien cette histoire... Avant d'entreprendre la grande descente jusqu'au fond du canyon, j'avais cru bon de me faire un peu les mollets, de répéter en version douce cette ascension à l'envers. J'avais choisi un chemin peu fréquenté, ardu disaient les guides (sans doute est-ce pour cela que fort peu de gens s'y hasardent), et je m'étais fixé d'atteindre le cambrien, là où la couche orange s'arrête pour laisser la place au vert clair. Le cambrien n'est que la première période de l'ère primaire, cela paraît lointain, mais auparavant il y a eu le précambrien, qui a duré des centaines de millions d'années, ce qui est tout simplement inconcevable pour notre esprit. Pour te donner une image plus concrète, on peut au Grand Canyon, en une matinée, franchir — de haut en bas — les ères quaternaire (un seul million d'années), tertiaire (soixante-dix millions d'années) et secondaire (cent trente millions). Quand on arrive à la couche qui correspond au cambrien, on est à peine à mi-hauteur du canyon. Mais je t'ennuie avec ces détails, je tergiverse... Disons que l'intersection entre le primaire et le secondaire, qui se fait à vue par un passage de couleurs inverses bien tranché, me semblait être une bonne limite pour un premier essai.

Je descends donc le matin jusqu'au cambrien (trois petites heures de marche alerte), je mange mes provisions sur un tapis de graviers verts, je me repose une heure en regardant à m'user les yeux la « rive » d'en face, puis j'amorce la remontée, tranquillement. Et peu à peu je vois de l'autre côté le ciel se couvrir, se charger de nuages sombres et épais, menaçants, qui forment sur les reliefs des ombres mouvantes. En se déplaçant ces ombres modifient les couleurs, les rendent vivantes, on dirait que le canyon bouge. C'est magnifique... Bientôt la pluie commence à tomber sur le plateau de Kaibab, à une quinzaine de kilomètres à vol d'oiseau. Je la vois descendre des nuages en gaze grise et gagner le fleuve en souples nappes liquides. Les nuées se hâtent vers l'est, elles semblent s'éloigner, mais d'un large mouvement circulaire elles reviennent, plus proches maintenant. L'orage gronde, et les premiers éclairs rayent le ciel devenu très sombre. Des gouttes s'écrasent sur le chemin étroit où j'avance, au bord de la pente.

Je m'arrête et m'assois sous un surplomb de roche rouge, qui forme à quelques mètres au-dessus de moi un petit toit plat. Le tonnerre éclate, assourdissant, et les détonations en se répercutant sur la pierre semblent venir de partout. Le bruit est extravagant, les éclairs font dans le ciel des zébrures folles, immenses. La pluie arrive en giboulées. Et tout à coup, alors que le canyon entier est plongé dans la brume, la foudre tombe, sous mes yeux, à quelques dizaines de mètres en contrebas, sur un buisson sec qui s'enflamme en torche, dans un fracas terrifiant. L'arbuste brûle sous la pluie, tandis que l'orage redouble de colère et de vacarme. Jamais je n'ai vu la foudre tomber et je regarde, captivée, ce pauvre arbrisseau immolé qui part en fumée. Le feu du ciel flambe à même la terre... Pas une seconde je n'ai imaginé que la foudre, dans sa démence aveugle, pouvait fondre sur moi. À l'abri sous mon surplomb je me sentais protégée, alors que j'étais tout aussi exposée que cet arbuste entouré de milliers d'arbustes semblables. Mais cela ne m'est pas un instant venu à l'esprit. Le grandiose du spectacle a occulté en moi toute peur, et toute conscience.

Je reste assise encore un moment, le dos collé à la roche, les yeux rivés sur l'immense canyon noyé de brouillard humide. Puis la pluie se calme, elle a à peine taché la poussière du chemin, et l'orage s'éloigne, repartant vers d'autres grandeurs. Cela a duré une petite demi-heure, pas plus... Je reprends l'ascension, sonnée et transportée. Je crois avoir été seule témoin de cet instant « foudroyant ». Je n'ai croisé personne sur le chemin du retour, si ce n'est un Indien navajo à cheval, un peu plus loin, au sortir d'un virage en épingle. Il était arrêté au bord du canyon, seul face au gouffre, incroyablement fier. Du haut de sa monture il a tourné la tête vers moi sans dire un mot, sans même un regard amical, sans un sourire, avant de reprendre sa contemplation d'*Ikne'etso* « le grand tonnerre » armé de ses *ikne'eka'a*, les éclairs, qui s'enfuyaient au loin. Sans doute avait-il lui aussi vu tomber l'esprit de la foudre... L'arbre fumait encore.

Tout était rentré dans l'ordre lorsque je suis arrivée au sommet, sur le plateau. Il était près de cinq heures. La fin de l'après-midi a redonné aux roches leurs couleurs tendres et merveilleuses que la lumière du soir dévoile avec ostentation. Des roses, des orangés, des jaunes et des verts, des mauves et des rouges clairs dans des nuances infinies, somptueuses, toujours renouvelées. Il y a dans la façon dont les siècles se superposent, dont la terre montre sa chair à nu, sans couvert d'aucune sorte, une impudeur décourageante. Tout est à vue, rien n'est caché, mais curieusement cela n'aide en rien à la compréhension ou même à l'appréhension du site. C'en est trop, et l'on souhaiterait par moments que soit soustraite de l'image une partie de ce qui la compose. La sollicitation est trop énorme, et d'ailleurs la plupart des visiteurs s'arrêtent à peine. Ils viennent en voiture au bord du canyon et regardent quelques instants. Puis ils repartent vers un autre « point de vue ». Et s'en vont, rapidement. Rares sont ceux qui prennent le temps de s'asseoir face au géant et de le regarder, de le voir vraiment. Car ce regard-là n'est pas facile à donner, il se perd instantanément dans les profondeurs du gouffre et ne revient jamais. Le vertige n'est pas loin, tandis que l'on s'acharne à scruter l'infinie distance.

À plusieurs reprises j'ai eu envie de m'enfuir, de quitter cet endroit qui me rendait si vulnérable, si faible. Le froid la nuit m'a harcelée, mais plus que le froid l'angoisse m'a saisie, celle d'être livrée à moi-même aussi crûment, à longueur de journées et de nuits, sans répit, sans nul lieu ami où me réfugier, nul petit espace clos et douillet, nulle cachette. La nature ici n'accueille pas l'homme, elle le repousse, le rejette et le renvoie à sa petitesse. L'orgueil y est rabaissé, écrasé, c'est une humiliation permanente que d'affronter la nature sauvage de ces grands espaces. Nulle part je n'ai ressenti cela comme ici. Même pas au Sahara où pourtant j'ai été si seule... Mais le Sahara ne reçoit pas âme qui vive, il est hostile à tous, sans exception, alors qu'ici les arbres poussent, les plantes et les animaux s'installent et prospèrent. La vie n'est pas absente, loin de là. Mais l'homme, lui, n'est pas accepté, il peut sentir dès l'abord combien ici on ne veut pas de lui. Ceux qui ont habité le Grand Canyon avant l'arrivée des Européens le faisaient avec la discrétion de qui dérange. Passant légèrement, sans laisser de traces. « Pieds nus sur la terre sacrée » disaient les Indiens. Quelle autre philosophie pourrait-on avoir face à une pareille nature ?

Les Navajos font du Grand Canyon le nombril du monde, l'endroit par où leurs ancêtres sont sortis, venant du niveau inférieur, le troisième, pour accéder au quatrième, la Terre.

C'est assez amusant d'ailleurs de découvrir que Clarence Dutton, l'homme qui a dirigé la première expédition géologique dans le canyon, et qui a nommé les reliefs, les « avancées » les plus impressionnantes, leur a donné des noms de divinités, entre autres celles du Rig Veda indien : Vishnu, Deva... Or c'est du nombril de Vishnu, dans la mythologie hindoue, que sort le lotus, à l'origine de l'Univers. Dutton n'avait pas connaissance des croyances du peuple navajo et pourtant on retrouve à travers sa terminologie la même idée, celle de l'*omphalos*, cet ombilic qui assure aux hommes la communication avec une sorte d'élément premier, plus chaotique encore que le monde qui nous entoure.

C'est que le Grand Canyon, par sa dimension et son incroyable présence, induit des pensées de ce genre, au-delà de la connaissance que nous avons de sa formation. L'eau a sculpté tout cela, bien sûr, et si les géologues restent encore perplexes sur certains points, on sait à peu près aujourd'hui ce qui s'est passé durant les deux cent cinquante millions d'années qu'a duré l'édification de cette grosse merveille. Mais cela n'empêche pas les élucubrations métaphysiques. Sans cesse les questions affleurent à l'esprit. Pourquoi sommes-nous conscients ? Comment l'humain est-il apparu ? Y a-t-il une raison à notre présence sur Terre ? Y a-t-il une raison à l'existence de l'Univers ? etc., etc. Et cela durant des heures, tu comprends que je sois exténuée, d'autant que de réponses, point !

Tu imagineras facilement que, dans ces conditions, je pense à toi plus qu'à aucun autre moment du voyage, toi qui me manques si cruellement, toi qui es si loin, si absent. Je t'embrasse de toutes mes forces.

IX

Dimanche 15 mai

Si ce n'était pas si étrange, par instants en fermant les yeux je pourrais me croire en vacances en France, l'été, dans le Midi, quand il fait bien chaud et que l'air au-dehors est immobile, comme arrêté dans son déplacement. Car il fait de nouveau très chaud, sur les bords du lac Powell. Ces variations de température sont très surprenantes, en quelques miles on change de climat. Cela ressemble bien à l'Amérique, pays sans nuances... Il fait froid, puis chaud, mais c'est toujours brutal, entier. Le voyage ajoute à la sensation de variation constante, dans la multiplicité de sensations qu'il apporte. À certains moments je me sens très bien là où je suis, en accord avec l'extérieur, et à d'autres je n'ai qu'une envie, rentrer chez moi. Non que j'éprouve une nostalgie particulière pour ma maison, ou pour Paris, non, il s'agirait plutôt d'une mélancolie générale, une sorte d'indécision, de vague à l'âme flou et imprécis, quelque chose qui n'est lié à aucun dérangement particulier, mais qui me fait penser à la France comme à un havre de sérénité, un pays doux et accueillant, plein de charme et de suaves plaisirs.

Évidemment tu me manques affreusement, mais ce n'est pas de cela que je parle. J'essaye de mettre cette sensation à part en imaginant que tu es avec moi, par exemple. Eh bien! je ressens la même chose, comme une perte irréparable, un oubli, un abandon. Je sais que cela n'est pas lié à ton absence, il me semble que ta présence ne suffirait pas à effacer le sentiment que j'ai d'un dépouillement nécessaire, d'une perte inévitable de certaines défenses, de certaines protections. Le voyage expose, plus que toute autre situation. Ne pas t'avoir à mes côtés accentue bien sûr l'insécurité que j'éprouve, mais tu n'en es pas la cause principale. En revanche tu es la cause de ce que je me réveille certains matins avec une douleur au cœur, une déchirure au ventre qui me tirent du sommeil tout effarée. Je souffre de ne pouvoir te toucher, je souffre physiquement de notre éloignement, cela vient brusquement comme une nausée lorsque je pense à toi, puis se dissipe, s'en va. Je me sens si loin que je n'arrive même plus à me représenter une vision précise de toi, de la maison, des rues, des choses familières. Ce ne sont que des bribes d'images, des flashes qui me parviennent en discontinu, sans que je puisse vraiment les intégrer dans une réalité présente, au moment où je les évoque. Il n'y a plus de temps, plus d'espace, tous les repères sont brouillés, c'est cela qui crée la plus étrange instabilité, le plus subtil des déséquilibres...

Voir le monde est une activité d'introversion, contrairement à ce que beaucoup de gens pensent. L'extraversion se pratique chez soi, dans son environnement propre, là où l'on peut se déployer à loisir. Mais comment pourrait-on être extraverti en voyage, quand le monde extérieur tout entier vous pèse dessus, sans pour autant être agressif, mais de toute sa masse ? Il faut une énergie énorme pour résister à cette pression, la repousser... Une énergie que je ne veux pas dépenser à cela. Voilà pourquoi le voyage est une activité solitaire, et impartageable. On s'éloigne de ses compagnons de voyage, lorsqu'on en a, car l'expérience que l'on fait de la distance produit elle-même de la distance. C'est inévitable, et d'ailleurs pas forcément douloureux, même si la lucidité qu'on acquiert en déplaçant son échelle de subjectivité, ne serait-ce que de quelques centimètres, donne un éclairage nouveau et parfois révélateur d'ombres méconnues. Dangereux aussi, et c'est encore un sujet de nostalgie que de voir plus et de comprendre mieux... Mais que veux-tu ? Je suis attachée à ces déplacements de la conscience dans l'espace, qui me font me déplacer moi-même et emprunter de nouvelles directions, choisir d'autres orientations, celles que l'on prendra au retour, quand tout autour se sera enfin déposé, tel un sédiment supplémentaire.

Le Grand Canyon n'est pas seul responsable de cette humeur dans laquelle je me trouve aujourd'hui. C'est aussi dimanche et les dimanches, où qu'on les passe, sont faits de la même texture de vide, chargés de la même odeur d'inaction. La petite ville de Page, Arizona, n'échappe pas à la règle. Je suis partie en bateau sur le grand lac Powell, un autre lac artificiel (dans cette région, ils sont tous faux) qui s'est formé à la suite de la construction du Glen Canyon Dam, un grand barrage sur le fleuve Colorado. C'est toujours la pierre rouge, orangée — je n'en reviens pas de tant de roches accumulées — et toutes ces masses de pierre bordent les eaux bleu marine du lac dans lesquelles elles plongent à pic.

Mais curieusement, sauf au point de contact

de la pierre et de l'eau, les deux éléments ne se rencontrent jamais. La pierre et l'eau se touchent, mais ne se connaissent pas. Hors du lac, tout est sec, aride et désolé. Le paysage est désert, l'air est brûlant, pas de plantes, pas d'oiseaux. La proximité de deux mondes qui s'ignorent superbement, l'un dominant l'autre qui le ronge lentement, imperceptiblement, mais avec l'efficacité des immobilités que le temps accompagne, est certainement ce qu'il y a de plus troublant ici.

Parfois il ne reste plus que la pierre, comme à Antelope Canyon, que j'ai vu hier, sculpté de l'intérieur, si finement qu'on dirait un drapé de tissu, merveilleusement travaillé. Le canyon n'est pas haut, une douzaine de mètres, et on y accède par le bas, on marche où la rivière jadis est passée, et l'on s'enfonce dans un très étroit couloir sinueux, creusé dans la pierre, tourné, contourné. Les « flancs » de pierre sont polis, arrondis, et la rivière a fait mieux qu'un artiste. Les drapés m'ont rappelé ceux de Michel-Ange à Florence, sur les statues de la chapelle des Médicis, mais en beaucoup plus magistral, je veux dire en plus percutant. Nous ne sommes que des imitateurs, et malgré tout son génie, Michel-Ange ne peut concurrencer cette rivière et ces vents qui ont, avec toute l'inconscience de leur état, mais avec une implacable persistance, laissé une trace aussi sublime de leur passage.

Marcher au cœur de ces parois de pierre poudreuse, si fragile en apparence, donne l'impression d'être à l'intérieur d'un édifice vivant, d'une chair recouverte d'un voile plissé. C'est magnifique et troublant, on se trouve encore terrassé par l'idée du temps, celui qu'a pris le filet d'eau pour creuser si joliment son lit, et si impitoyablement. Le vent maintenant poursuit l'œuvre et érode le bord supérieur inlassablement. Le sable rouge lorsqu'il s'envole est si léger qu'il semble inexistant, pulvérulent telle une fine poudre de riz. Je suis revenue à pied à travers la plaine déserte, au soleil couchant. J'ai croisé des vaches, qui cherchaient à manger, ce sont les vaches des éleveurs navajos. Leurs ombres s'allongeaient de plus en plus sur la terre ocre et seul un tamaris en fleurs faisait comme un halo rose tendre sur la brique uniforme du paysage.

Cette promenade en bateau a quelque chose d'absurde et d'étrange, je ne sais pourquoi. Peut-être parce que je reste passive, pour une fois. Je ne conduis pas, je ne marche pas, je ne décide de rien, et me laisse porter au gré des fantaisies du pilote. La lumière est aveuglante, le soleil frappe l'eau comme s'il voulait la réduire, frappe la pierre jusqu'à la rendre blanche dans la luminosité de midi. Parfois des arches apparaissent, des ponts de pierre qui franchissent des bras d'eau, ailleurs ce sont des pitons rocheux qui surgissent, des restes de falaises autrefois entières et que le temps a rongées jusqu'à n'en laisser qu'un chicot. Aucun bruit, aucun mouvement. L'écume projetée par le moteur m'éclabousse délicieusement, je m'endors sur le pont.

Je te serre contre moi et je t'embrasse voluptueusement.

X

Mardi 17 mai

De Page lorsqu'on part vers l'est, à peine laissées derrière soi les dernières maisons, on entre dans la grande réserve navajo, et durant des miles le paysage désolé et sinistre de cette « terre d'Indiens » se déroule, triste et aride. Je n'arrive pas encore à déterminer ce qu'il y a de si lugubre dans ces paysages. Peut-être simplement le vide, le néant... On passe Kayenta, ville indienne en fouillis, remplie de désordre et d'usure, pauvre, dont les rues mal pavées débouchent sur des groupes de maisons qu'on dirait de carton. La ville est grise, blême, résignée, même le ciel est pâle. Le vent soulève la poussière des rues et les papiers gras, et fait glisser sur la route de longs rubans de sable fin qui se déplacent à folle allure. Sur la route passent des plantes en forme de squelettes ronds, boule:

de tiges desséchées qui s'envolent et s'accumulent parfois dans des trous, dans des creux du plateau, où le vent les pousse et les entasse, tel un fossoyeur indifférent, le vent qui arrive maintenant par rafales de l'horizon et fait trembler la voiture, hurlant et chassant tout sur son passage.

La route est droite, toute droite, l'ingénieur qui l'a dessinée ne s'est pas cassé la tête, un trait, c'est tout, voilà la route ! Et soudain apparaît Monument Valley, d'abord ce ne sont que des cubes posés au loin sur le sol plat, puis à mesure qu'on s'en approche cela devient des maisons, des immeubles, et bientôt des cathédrales. Je n'attendais rien de ce lieu si souvent vu pourtant dans les films de John Ford, fait de gros édifices de pierre posés à même la terre rouge, telle une ville en ruines dont ne subsisteraient que quelques bâtiments énormes, de loin en loin. Mais la tempête de sable et de vent qui s'y déchaîne est bien la plus surprenante, inattendue. C'est peut-être, après la grêle et la neige de Death Valley, l'orage et le froid de Grand Canyon, l'intempérie à laquelle je n'avais pas pensé. Et pourtant, quand le vent s'emballe sur la plaine où se dressent les grands blocs de pierre, il soulève la poussière rouge qui s'élève en tourbillons et s'infiltre partout, à une vitesse et avec une violence qui choquent, tellement elles manifestent bruyamment la puissance de l'élément déchaîné. Tu sais combien le vent peut rendre fou, ici il te prend dans sa main et te serre jusqu'à te faire mal, il te cingle et te fouette, te scie les nerfs, t'étouffe et te brûle les yeux, il te secoue, te violente, tant et si bien que tu ne peux rester dehors et que seul un abri peut te soustraire à son accès de méchanceté. Mais quel abri à Monument Valley, dans ce site encore une fois démesuré, où la quantité de roche est monstrueuse, presque autant que celle du vide qui l'entoure ? Où se cacher, où se retirer ? Jamais plus qu'en ce jour je n'ai aimé ma Chevrolet, ma vaste voiture lourde et massive, mon veau, mon cheval de Troie.

J'ai passé la journée à rouler au pas sur la piste défoncée, à tourner autour des « Trois Sœurs », des « Mitaines », du « Roi sur son trône », de « l'Ours » et du « Lapin », du « Chariot », du « Grand Indien ». J'ai vu des Navajos galoper à cheval sur la plaine, dans les hautes herbes, et çà et là leurs *hogan*, ces habitations traditionnelles en forme de tente arrondie, et leurs troupeaux de moutons. Et toujours le vent, furieux, terrifiant, et le sable partout, s'infiltrant dans les fissures, courant au ras du sol pour s'élever soudain en de grandes gerbes explosées dans le paysage monochrome. Car il n'y a qu'un seul ton à Monument Valley, un brun-rouge soutenu et chaud, sur des kilomètres à la ronde. Tout est de la même couleur, la terre, le sol, la piste, les immenses rochers, les cailloux et même l'air qui ce jour-là était chargé de la poussière en suspension. Le ciel lui-même s'était obscurci pour prendre une teinte claire indéfinie, un blanc crémeux qui rougissait par endroits, lorsqu'une rafale plus sableuse que les autres venait teinter les nuages par en dessous.

Malgré le brouillage que provoque la tempête de vent, les lumières restent somptueuses, surtout lorsque finit le jour. Tout s'embrase, se consume, s'allume... L'incendie, d'ordinaire immobile, se déplaçait ce soir-là au rythme des bourrasques, on aurait dit que des flammes léchaient les monuments de pierre, couraient sur la plaine, affolées. Les nuées, dont on ne savait plus de quoi elles étaient composées, de sable ou de nuage, se disloquaient, s'étiraient, filaient dans le ciel rougissant. Et le souffle du vent par-dessus le décor s'enflait, paraissant à l'oreille soudain inquiétant, quand du soir on attend habituellement le calme et non ces plaintes énormes, ces mugissements de bête blessée.

Comme il était impossible de planter la tente, qui se serait envolée, j'ai dormi dans la voiture. Je m'étais installée sur un promontoire qui domine la vallée, face au levant. J'ai dormi d'une traite, épuisée par l'ouragan qui poursuivait son chahut dans la nuit, sourde à ses cris, insensible à sa rage folle. J'ai été réveillée par l'aube, qui sortait en voiles roses éclatants. Le vent avait massé les nuages au ras de l'horizon, en troupeaux gonflés et rougis, et le soleil qui se levait émergeait de ce bain trop moussant comme une boule de feu mouillée aux contours flous. J'étais allongée à l'arrière du break, roulée dans les couvertures, les yeux au ras de la vitre, et je regardais l'astre prendre son élan, lourdement, et les chicots énormes, déchiquetés, sortir de la nuit. On aurait dit qu'ils surgissaient de terre... C'était une vision théâtrale, puissante, une image de premiers jours du monde. Le vent, toujours déchaîné, continuait de déplacer des nuées de sable et il me semblait voir, en accéléré, l'érosion à l'œuvre, qui s'acharnait sur ces pierres ancestrales, qui les râpaient de son souffle brûlant, les grattait aux bords, les usait à grande vitesse.

Jamais donc ne vont finir ces paysages grandioses et hallucinants ? Je me résigne, plutôt de bonne humeur, à la grandeur de l'Amérique, à sa force et à son implacable violence. Mieux vaut s'habituer à cette confrontation permanente avec la lente décomposition, éreintante pour l'esprit qui cherche une issue là où ne subsiste qu'un piège, celui de notre vie fugitive et si brève. Ce voyage à travers une nature aussi puissante me transporte dans une conscience accrue de l'inévitable passage, et la vision des pierres effacées peu à peu finit par ne plus alourdir mon cœur, mais au contraire par l'alléger, comme le vent qui soulève et emporte, se jouant de l'attraction terrestre. Avoir vu le Grand Canyon me semble être un remède à toute mélancolie. Et j'ai l'impression d'avancer désormais l'esprit léger et l'âme tranquille.

Je quitte Monument Valley et l'Arizona pour entrer en Utah. Un peu plus loin, à Mexican Hat, c'est la réserve navajo qui prend fin. Frontières humaines, symboles d'autres frontières intérieures... Je me trouve maintenant devant un vaste territoire qui s'étend au nord, vide de repères et presque inaccessible. J'ai beau étudier la carte de l'Utah que je viens d'acheter, il n'y a pas d'axes routiers, pas de villes, rien sur des dizaines de miles... Une seule petite route à près de cinquante kilomètres pour rejoindre le fleuve Colorado, à travers le White Canyon, pas une seule pour traverser la forêt de Manti-La Sal, aucun moyen de pénétrer en voiture la réserve naturelle de Canyonlands, pas d'espoir non plus de voir le Cataract Canyon que le fleuve traverse avant de se jeter dans l'extrémité nord du lac Powell, qui depuis Page s'étale en longueur sur des centaines de kilomètres. Je me résous à emprunter l'unique route qui monte vers Moab, en espérant là-haut trouver une entrée par le nord. Avant de rejoindre Blanding, l'unique village semble-t-il où je pourrai trouver de l'essence, je décide de faire un détour par les Goosenecks, dont on m'a parlé. Et puis c'est une façon de ne pas tout à fait me soumettre. Oh! ça ne va pas loin, je sais bien, mais il faut agir à son échelle...

Comme leur nom l'indique, les Goosenecks (« cous d'oie ») sont les coudes très rapprochés que forme sur une courte distance la rivière San Juan, dont l'eau boueuse coule entre des falaises pas très hautes, rayées de sédiments verts et gris en couches horizontales, érodées à la verticale par l'eau. On dirait une crispation subite du cours d'eau, comme si tout à coup la rivière s'était rétractée, créant dans la roche une série de zigzags nerveux, tourmentés. Il se dégage de ce site par ailleurs parfaitement désert une étrange beauté, dont on ne sait à quoi elle tient, de l'originalité de sa forme ou de sa situation, au milieu du vide. Je ne sais d'ailleurs pourquoi je t'en parle, car l'évocation que j'en fais ne doit rien te faire imaginer de très spectaculaire. Sans les voir, je doute que l'on puisse saisir la beauté de ces méandres puissants. Excuse-moi de t'assommer avec mes descriptions précaires et inconsistantes, mais comment puis-je autrement te faire partager ce voyage à la surface d'une terre encore presque intouchée par l'homme ? Il ne m'arrive rien, je ne rencontre personne, je ne fais qu'admirer les paysages tous différents, tous plus beaux, tous énormes de grandeur et de majesté qui se présentent à moi, comme en un défilé interminable et sans cesse renouvelé.

Des Goosenecks j'ai rejoint la route transversale qui mène à Blanding, en passant devant la Vallée des Dieux, une sorte de plaine hérissée de monts étroits et pointus, une gigantesque assemblée de statues dominant la vallée, serrées les unes contre les autres, formant bloc. La route, affreusement mal entretenue, s'élevait rapidement et bientôt j'ai dominé cette vallée déserte. Pas une habitation à perte de vue, pas une trace de vie. Je n'ai croisé aucun véhicule si ce n'est deux ou trois camions, que je ne m'attendais certes pas à voir à cette altitude, et sur cette petite route défoncée. Ils transportaient de gros engins de chantier bleus et venaient vers moi dans un grand vacarme de crissements de freins, environnés de la poussière qu'ils soulevaient.

J'ai roulé ensuite à travers une forêt de genévriers sinistre, jonchée de troncs couchés qui gisaient là au milieu des arbres vivants, dans la terre jaune, sans que personne apparemment ne vienne jamais ramasser les cadavres. La forêt ne semblait pas entretenue. Même les arbres encore debout portaient des branches entières tout à fait mortes, et il arrivait parfois que sur un arbre mort un rejet se mette à pousser, tel un revenant, une sorte de repentir inquiétant. L'étrange promiscuité entre la vie et la mort m'a rappelé, malgré son aspect effrayant et le malaise dans lequel m'a plongée ce spectacle, que la nature n'est faite que de cette succession d'états, vie, mort, résurrection, déclin. Mais j'ai gardé jusqu'à la nationale une sensation de désordre et de perturbation qui m'a mise mal à l'aise, ajoutée à la solitude de la route et à l'aridité du paysage. J'avais un peu mal au cœur en redescendant vers la petite ville de Blanding. Et puis soudain, au loin, j'ai vu les sommets couverts de neige des montagnes Rocheuses, là-bas à l'est, au Colorado. Cette vision lumineuse m'a remise subitement d'aplomb. C'est étonnant comme la vue des crêtes brillantes, des glaciers poudreux, des pentes immaculées peut réjouir brusquement. Un souvenir sans doute des premiers émerveillements de l'enfance devant la neige...

Je suis arrivée à Moab exténuée par le vent qui n'avait pas cessé depuis le matin. J'ai trouvé pour m'abriter une petite cabane de bûcheron en rondins, car il est toujours impossible de dresser la tente. Pas question non plus de cuisiner dehors ou de faire du feu. On se sent pris au piège... Mais une petite fenêtre de ma cabane donne sur les montagnes coiffées de blanc.

Je t'envoie des baisers pleins de vent, et je me figure te faisant des signes du haut des Rocky Mountains, et toi très loin par-delà l'océan. Je me sens beaucoup trop loin de toi et ça ne me plaît pas, mais je crois être arrivée au pays où nul ne songe à se plaindre. Le paysage est déjà suffisamment écrasant sans pour autant aller chercher des sujets de réclamation. J'ajoute donc, de bonne grâce, quelques sourires.

XI

Vendredi 20 mai

J'ai demandé hier matin si le vent durait ici comme chez nous, trois jours, six jours ou neuf jours. On m'a répondu : « Le vent fait ce qu'il veut, on ne peut jamais savoir avec lui. » Mais sa violence m'a fait penser qu'il ne s'éterniserait pas. Je me suis trompée car au bout de trois jours, il est toujours là et ne cesse de ravager l'horizon de ses tornades poussiéreuses. J'ai décidé mardi de faire halte près de Moab quelques jours, à mi-chemin entre le grand parc de Canyonlands et celui des Arches, qui je ne sais pourquoi m'attire depuis le début du voyage. Mais plus je monte vers le nord plus il me semble entrer dans des espaces sauvages. Non par leur austérité, car à cet égard les paysages de cactus et la chaleur du sud convenaient parfaitement, mais plutôt par la démesure et l'immensité des régions qui s'offrent à l'œil, sans bornes. Les territoires de Canyonlands sont vertigineux, et lorsqu'on entre dans la réserve par le nord, on découvre depuis les hauteurs d'Island in the Sky des enfilades de canyons rouges et verts, bordant au loin le fleuve Colorado et la Green River avant leur confluence, avec, séparant en deux par leur milieu les falaises de pierre et les colonnes qui se dressent, une bande blanche, tel un trait tiré à la craie. Après la couche rouge, la couche verte et la couche orange, voici donc la couche blanche, qui n'apparaît pas au Grand Canyon mais que l'on trouve inscrite dans les Aiguilles de Canyonlands, sortes de cheminées de fée ressemblant à des orgues surmontées de chapeaux blancs.

Car en fait tous ces paysages constituent la même entité géologique. J'ai parcouru des centaines de miles, mais je n'ai pas quitté les empilements de sédiments déposés par la mer, puis érodés, puis enfin creusés par l'eau, etc., les mêmes que ceux qui forment le Grand Canyon, Glen Canyon, Antelope Canyon, et tous les autres dont je t'ai épargné la description. Toute cette pierre, ces masses infinies de pierre à perte de vue, cela laisse perplexe, crois-moi. Nous ne sommes pas habitués à cela chez nous, où les paysages sont presque toujours recouverts de végétation et si domestiqués par l'homme depuis des siècles, joliment travaillés, à notre échelle. Ici, tout est trop grand, trop massif! Mais c'est comme si la nature, pour faire oublier au regard la monotonie de la texture minérale, s'était surpassée en matière de formes et de couleurs. C'est d'une infinie variété, l'œil saute d'une falaise à un groupe de colonnes, de grosses masses arrondies à des blocs tranchés net, des verts aux jaunes orangés, des blancs aux rouges foncés. Et cela ne s'arrête jamais...

Pas question toutefois d'entrer vraiment dans Canyonlands, à moins de rouler en véhicule à quatre roues motrices. Les routes n'y sont que des pistes défoncées, à peine carrossables. Quant à la marche à pied, rien ne se fait, au vu des distances, en moins de trois ou quatre jours. Je n'ai pas le courage, avec ce vent, de m'aventurer dans un pays sans eau, sans abri, pour plus d'une journée. Et puis ensuite il faudrait revenir... Si les Américains n'ont pas réussi à construire une route à travers ces successions de canyons, c'est vraiment que le territoire est impraticable. D'ailleurs cela se voit, particulièrement depuis Dead Horse Point, un surplomb qui domine le Colorado et englobe un très vaste paysage. On y voit des canyons rouge sang border les boucles du fleuve boueux qui coule au fond, des millénaires de pierre rongée, des entassements prodigieux, des couches et des couches de sédiments plus ou moins durs dans lesquels se découpent des murs, des buttes, des colonnes. Impénétrable... Écrasant! Et presque pas d'arbres, sinon de malheureux genévriers torturés et maigres, secs et mal en point. Certains sont vieux pourtant, huit ou neuf cents ans. Mais leur présence relève de l'héroïsme. On a mal pour eux...

Les jours que j'ai passé à Canyonlands, sur les lisières de Canyonlands devrais-je dire, m'ont épuisée. D'abord parce que le vent n'a cessé de me bousculer, de me jeter des poignées de sable au visage, de m'étriller les jambes avec des rafales de minuscules graviers, de me siffler aux oreilles, et aussi à cause de l'énergie que j'ai dépensée à regarder. Je m'use les yeux devant trop de grandeur... Finalement, à Grand Canyon c'est la profondeur et la somptuosité du site qui impressionnent, tandis qu'ici c'est son immensité laissée visible. On ne peut voir qu'une partie du Grand Canyon, on ne peut qu'en saisir la taille par la pensée, mais pas de l'œil. Les méandres du fleuve et la structure même du canyon, tout en longueur, empêchent une vision synthétique.

À Canyonlands on a cette vision, et ce n'est que la limite de notre propre vue qui nous arrête. À plus de trente ou quarante kilomètres de distance, tout se brouille et l'on ne distingue plus que de vagues contours, des teintes floues. Mais si l'on disposait d'un organe plus puissant, d'une vue perçante, on irait plus loin encore, jusqu'à la confluence du fleuve brun-rouge et de la rivière verte, dont les deux courants, paraît-il, se rencontrent sur un somptueux fond de roche gris foncé, jusqu'au Maze, ce territoire au sud-est de la réserve qui abrite le pays des Standing Rocks, totalement impénétrable. Je t'avoue que je n'avais pas prévu l'impuissance dans laquelle je me trouve ici. Il me faudrait une jeep, un canot à moteur du genre Zodiac, des réserves d'eau, de nourriture et d'essence, pour explorer sérieusement cette magistrale réserve de canyons. Je suis un peu déçue de ne pouvoir rester qu'au bord, comme sur la rive d'un lac où je ne saurais entrer. Je me console en allant dévorer chaque soir des poissons grillés au café de Moab, où la télévision diffuse en direct les matchs du championnat de basket. Sur l'écran, de formidables joueurs noirs déploient leurs membres souples et démesurés, devant des rangées de grands types blonds qui boivent de la bière, les yeux rivés au poste.

Heureusement, Arches est venu m'offrir le modèle inespéré d'une petite réserve à ma taille. Un bijou menu et finement travaillé, un charmant espace ciselé, facile à sillonner et concentré sur une surface réduite. Bref! l'endroit que j'attendais, sans savoir qu'il me conviendrait tant. Toujours de la pierre, rassure-toi, orange et saumon clair cette fois, ravissante dans la lumière sèche et pure. Du grès, rien que du grès et, disséminées dans les édifices rocheux, des milliers d'arches naturelles creusées par l'érosion — eau, vents, gel, pressions diverses, failles — et énormément de temps. Des petites, des grandes, des hautes et étroites, de très larges, des longues et aplaties, des doubles, des superposées, des rondes et des ovales, cachées ou à vue, perdues dans la nature ou posées au bord de la route.

Comment te décrire Arches ? Imagine la forêt de Fontainebleau, retire les grands arbres, laisse quelques arbustes et des fleurs jaune vif, garde tous les rochers. Peins-les en orange, mets du ciel bleu, du soleil, de la chaleur et du vent et rapproche tous les rochers les uns contre les autres, sans laisser trop d'espace entre chaque édifice. Dans cet espace plante quelques petits chênes, des buissons secs et des graminées fleuries. Mets quelques centaines d'arches au milieu de tout ça, emporte une bouteille d'eau, quelques biscuits et pars en promenade. Cela peut durer des jours entiers, c'est facile à escalader, c'est varié, c'est beau, il n'y a personne, comme toujours, c'est lumineux et c'est plein de surprises. À chaque fois qu'on découvre une arche au détour d'un rocher, on pousse une exclamation de joie. Certaines sont extravagantes, d'autres majestueuses, d'autres encore improbables. Comment ça tient ? se demande-t-on.

Parfois je m'arrête, m'installe sur une dalle plate et couchée sur le dos, je regarde le ciel. Autour de moi j'entends chanter les oiseaux, et c'est tout. Je somnole un peu, je rêvasse, je pense à toi, je te cherche du bras près de moi, avant de reprendre mes esprits et de me souvenir que tu es resté là-bas. Tu me manques...
L'Amérique est trop vaste pour ne pas être partagée. Je ne vois presque personne, si ce n'est les rangers qui s'occupent des parcs et que je croise parfois, au hasard de mes promenades. Nous échangeons quelques mots sur le temps, quelques considérations sur les beautés du lieu, nous nous sourions puis repartons, chacun de son côté. Fort peu de gens marchent, et encore moins acceptent de sortir des sentiers balisés. Aussi, à peine s'éloigne-t-on un peu qu'on se trouve parfaitement seul.

J'ai l'impression d'avoir cet énorme territoire pour moi toute seule. Et je repense aux Indiens face à toute cette place libre et inoccupée... N'aurait-il pas été possible de la leur laisser, de leur en laisser au moins une partie, et pas que ces sinistres landes désolées ? Oh ! je sais bien que rien n'est logique dans ce qu'on appelle précisément une « logique de pouvoir ». Mais il y avait certainement des Indiens par ici, des Paiute, des Uintah, des Ouray, et on n'en voit plus un seul aujourd'hui. Personne ne s'est pour autant installé à leur place... Pas étonnant, on ne peut vivre dans cette région difficile qu'en économie minimale, sans doute en se déplaçant beaucoup, comme le faisaient les groupes d'Indiens nomades. Plus personne ne voudrait de cette existence aujourd'hui. Il m'amuse pour l'instant de vivre comme une sauvage, en dormant par terre, en mangeant de temps à autre, et fort mal, en passant mes journées à marcher dans les cailloux. Mais il me semble que je n'apprécie l'inconfort que parce qu'il est provisoire.

Je ne sais pas si tu m'aimerais en fille des bois (je devrais dire en fille des pierres)... J'ai la peau tannée par le soleil et desséchée par le vent, je porte le même short depuis des semaines, que je lave lorsqu'il devient trop sale, j'ai les mains cuites et abîmées, les cheveux souvent décoiffés, je ne porte que de grosses chaussures de marche à semelles crantées, j'ai dans mon sac un couteau, une lampe-torche, un petit carnet, de la ficelle, des pommes. Mais j'aime cette vie, beaucoup plus que je ne veux bien le dire. Je me plains certains matins au réveil, quand j'ai mal dormi à cause d'une pierre sous mon dos, ou le soir, lorsque je suis fatiguée et que je suis dehors dans la nuit, assise par terre devant mon petit feu. Je suis mal équipée, je n'ai presque rien, mais tout est tellement plus simple lorsqu'on ne s'embarrasse que du strict nécessaire. En une demi-heure le camp est levé, et tout ce que je possède est dans la voiture. Il faut très peu pour vivre, en réalité... C'est une pensée qui me rassure. Si tu ne me manquais pas tant, je serais très heureuse. Je t'embrasse fort et très fort.

XII

Dimanche 22 mai

Hier, j'ai vécu l'une des plus agréables journées du voyage. J'ai en l'espace d'une heure rajeuni de deux mois. Après des semaines de leçons d'humilité où j'avais docilement plié la tête devant le maître incontesté de l'érosion, j'ai fait un énorme pied de nez au temps qui passe, en revenant brusquement en arrière, d'un grand bond, sans transition. Je t'explique... J'ai quitté Moab le matin, et je suis partie vers l'est, pour bientôt entrer au Colorado. Et au moment précis où je laissais l'Utah derrière moi, à quelques kilomètres de la limite d'État, le paysage orange de désert chaud s'est transformé en une vision de printemps alpin, fleuri et frais. J'avais l'impression d'arriver en Suisse, au début du mois d'avril. Du plein été je passais au printemps nouveau. Les montagnes aux sommets enneigés que je voyais en toile de fond depuis des jours s'étaient rapprochées, des rivières coulaient au cœur des pâturages couverts de pissenlits dorés, de jeunes feuilles vert tendre poussaient aux branches des arbres, dans les prés les cerisiers fleurissaient et les lilas ornaient les haies de grappes mauves.

J'avais la sensation d'un formidable tour de magie, d'une revanche magistrale. Le printemps que je n'avais pas eu en France, le doux printemps qui enthousiasme et ravit, venait à moi après deux mois de canicule et de sécheresse. Et je rayais d'un coup, en l'espace de quelques kilomètres, l'espace de temps vécu depuis le début du voyage. Je reprenais du début, à la mi-avril, date du départ... C'était comme si un nouveau voyage commençait et je riais toute seule dans la voiture de cette bonne blague. Autour de moi les grands ranchs s'étendaient, couverts de prairies d'herbe grasse, entourés de barrières en troncs de peupliers à peine équarris, qui couraient sur des kilomètres. Dans ces prés paissent les Red Angus, de puissantes vaches rouges et blanches, des bêtes à viande. Des troupeaux de milliers de têtes occupent des territoires entiers, qui ne sont en fait qu'un seul ranch.

Plus j'avançais et plus il y avait d'eau. Des ruisseaux coulaient le long de la route, des torrents dévalaient les pentes des alpages, des cascades tombaient des monts les plus proches. J'arrivais en pleine fonte des neiges... Tout bruissait de vie et de gaieté, les oiseaux, les rivières et les arbres célébraient à leur façon le retour du printemps, la robe neuve de la terre et la chaleur bienfaisante du soleil, après les mois bruns de l'hiver. Tu ne peux pas imaginer ce que le spectacle avait de réjouissant... Un véritable enchantement ! C'est incroyable comme la vie parle à la part la plus intimement vivante qui est en nous. Voir refleurir un arbre, se déplier une feuille neuve, voir les veaux aux pattes frêles frotter leur nez contre le ventre de leur mère, tout cela a quelque chose d'heureux.

Tu vas penser que je deviens tout à fait idiote... Et je sens bien l'éclairage ridicule que l'on pourrait donner à mon accès de « pastoralisme lyrique », mais je ne crois pas qu'on puisse rester totalement indifférent aux manifestations de la vie, même les plus infimes, sans être touché soi-même, dans son être, parce que justement nous sommes faits de la même matière que ces vies-là, des mêmes cellules et du même appétit de rester sous le ciel, le plus longtemps possible. Tu me diras que dans les pierres aussi il y a du carbone, de l'oxygène et de l'hydrogène, et qu'en poussant plus loin... Mais les pierres ne bougent pas, elles ne se tendent pas vers le soleil, ne se reproduisent pas, ne souffrent pas (si elles souffrent) de manière aussi apparente. Elles sont plus loin de nous et nous ressemblent beaucoup moins. Je me reconnais difficilement dans une pierre, mais pas dans une fleur. Regarde-la dresser sa tige vers la lumière, frissonner sous la caresse du jour, observe la douce soie vivante de ses pétales, la sensibilité de ses étamines qui vibrent au souffle de la moindre brise, admire sa fragilité et sa délicatesse. Je ressens la même chose devant un petit enfant qui cligne des yeux au soleil. Ça me réjouit et je me sens moins seule !

Mais laissons cela, je sais que la plupart des gens refusent de se laisser aller à ce genre d'émotions que notre monde a aujourd'hui tendance à considérer comme ridicule. On ne s'extasie pas sur ces choses, c'est bon pour les adolescentes et les poètes de seconde zone... Mais j'aime les mauvais poètes et les jeunes filles, ils m'attendrissent tous les deux. Alors ma fibre bucolique se réveille et je me sens redevenir la bergère que j'ai dû être dans une autre vie. Je relirais Virgile avec plaisir dans ces moments-là, dont je ne me souviens de mémoire que trois vers :

O fortunas nimium, sua si bona norint,
Agricolas! quibus ipsa, procul discordibus armis,
Fundit humo facilem victum justissima tellus.

Tu attendras mon retour pour avoir la traduction, non parce que je l'ai oubliée, mais parce que je ne veux pas que tu te moques de moi... Et puis rassure-toi, rien ne dure, car l'Amérique n'est pas l'Ombrie et il faut toujours que ce continent dramatise tout. Ainsi des montagnes qui s'avancent vers moi, et dont la roche couleur sang de bœuf se recouvre par endroits de plaques de neige immaculée. Elles ont un aspect proprement tragique, on dirait qu'elles sont de chair sanguinolente, coiffées de pansements. Toujours pragmatiques, les premiers colons leur ont donné le nom de Red Mountains. Bien sûr, c'est tellement simple ! Les Espagnols auraient dit « Sangre de Cristo », comme ils l'ont fait d'ailleurs quelque part. Mais la ténébreuse intensité des Latins manque aux protestants. C'est peut-être mieux, en l'occurrence... La sobriété de leur titre convient à ces paysages grandioses, des noms plus pathétiques les auraient rendus encore plus écrasants.

L'altitude s'élève, me voici à près de 3 500 mètres d'élévation (comme on dit ici); le long des pentes abruptes les torrents descendent précipitamment, traversent la route parfois, en serpents rouges, les sapins ont colonisé le terrain maintenant, laissant les peupliers dans la vallée. De beaux grands sapins des Alpes, vert sombre. J'avais oublié les grands arbres... La route tourne beaucoup et monte en pente raide. Je m'arrête de temps en temps pour laisser souffler la voiture. L'air est vif, raréfié déjà et piquant. Hum! Quelle fraîcheur exquise! On doit faire du ski par ici l'hiver... Les grandes stations qui entourent Aspen ne sont pas loin. Je traverse d'anciennes petites villes minières, on y cherchait de l'or à la fin du siècle dernier. Elles ressemblent aujourd'hui à des décors de cinéma à demi abandonnés, avec de belles maisons en bois qui bordent la grande rue principale, des enseignes à l'ancienne aux frontons des boutiques, des gens assis sur des bancs le long des trottoirs de bois lavé, des souvenirs qui flottent dans l'air. Quelques beaux hôtels, vieux d'un siècle, témoignent d'une splendeur passée. À travers les vitres ternies du rez-de-chaussée on imagine le hall transformé alors en saloon, la fumée des cigares et les frou-frou des robes des filles de l'Ouest. Mais tout cela est fini désormais et je poursuis ma route jusqu'à Durango, une petite ville enserrée de prairies et de rivières, dans la vallée.

J'installe ma tente sur les bords de l'Animas River et je passe deux jours à traîner au soleil, sur l'herbe, comme nous le ferions ensemble sur les bords de la Marne par un bel après-midi de mai. Il n'y a personne, tout est calme, le bruit que fait l'eau me berce et le soleil me chauffe doucement. J'aimerais que tu sois avec moi, mais tu n'y es pas. Parfois il semble absurde de profiter seul d'une belle journée... Mais cette absurdité n'ôte rien à la lumière et au brillant de l'herbe jeune, rien non plus à la vivacité de la rivière qui charrie ses eaux vertes venues de la montagne, rien à la douceur de l'air et au chant des oiseaux. Je goûte ces heures en savourant l'image que je garde de toi, un brin d'herbe entre les dents. Je t'embrasse, amour absent.

XIII

Jeudi 26 mai

Me voici rendue à un point du voyage où j'ai besoin de m'accorder une petite trêve. Puisque la saison m'offre comme un supplément de temps, un arriéré pourrait-on dire au vrai sens du terme, j'ai décidé d'aller faire un tour du côté du Nouveau-Mexique, où m'a-t-on dit les paysages sont fort beaux. Mais lorsqu'on évoque devant un Américain le « South-West », il répond du tac au tac, d'un ton convenu bien qu'enjoué « oh ! yes ! New Mexico, Santa Fe, Taos, Albuquerque ». Et c'est tout... On me parle de Santa Fe comme de la perle noire, sans jamais rien me dire qui attise ma curiosité, force mon intérêt. Je redoute un peu le cliché et j'en viens à me demander ce qu'il y a de si extraordinaire au Nouveau-Mexique, qu'on ne m'a jamais dévoilé... J'ai donc décidé d'aller voir, et puisque mon chemin se dirige approximativement de ce côté, je repars vers le sud et ses territoires indiens.

J'en profite au passage pour jeter un œil sur les bords de la route, parsemée d'antiquités. C'est pourquoi dans cette lettre, il sera pour une fois non pas fait état de nature, mais de ruines. Trêve aussi pour toi, doux ami, à qui il est temps de montrer que l'Amérique n'est pas qu'un vaste continent vierge rempli de tas de cailloux et de grands fleuves inaccessibles. Il y a aussi des vieilles pierres ! Les Américains, dans leur quête d'Histoire ancienne, font grand cas des Anasazi, un peuple dont les traces hantent la région des Four Corners (là où quatre États se rencontrent par leurs quatre coins, à angle droit).

Ces Anasazi, en résumé, sont arrivés aux alentours du VIIIe siècle, se sont installés et ont vécu sur place jusqu'au XIIIe siècle environ, puis ont quitté la région, sans doute chassés par une sécheresse et des conditions de vie devenues intenables. Leurs descendants probables sont les Pueblos, mais aussi les Hopis, qui reconnaissent dans les vestiges de leurs architectures et sur certains pictographes laissés sur les rochers des Mesas des traits propres à leur culture. On n'en sait pas plus... Mais cela suffit à tout un peuple en mal d'Histoire ancienne pour s'émerveiller d'une « civilisation » qui à l'époque où nous bâtissions les cathédrales, n'en était qu'à l'âge de pierre et ne connaissait pas le métal. Le XIIe siècle est la préhistoire de l'Amérique du Nord... N'est-ce pas merveilleux ?

À part ça, je n'ai rien contre les Anasazi, qui étaient certainement des gens de talent et de savoir, pour avoir survécu dans une nature aussi hostile. Chaque peuple fait ce qu'il peut pour s'adapter et celui-là a au moins le mérite d'avoir conçu un habitat et un style de vie qui forcent l'admiration. Mais c'est l'engouement des Américains pour ce peuple qui m'irrite, quand je reste persuadée que la meilleure chose qui soit arrivée aux Anasazi est d'avoir disparu avant l'arrivée des Européens. Si tel n'avait pas été le cas, les ancêtres des braves gens qui aujourd'hui s'extasient à Mesa Verde les auraient massacrés jusqu'au dernier.

Mais revenons à nos Indiens préhistoriques... Et à Mesa Verde, puisque c'est là que je me suis rendue en quittant Durango. Les Espagnols ont bien nommé ce haut plateau, qui tranche par sa couleur vert foncé sur la plaine gris jaune. La « Mesa Verde » est recouverte d'arbres, essentiellement des pins et des chênes. La « table » et les pentes du plateau sont tapissés d'arbres courts et d'arbustes. Le climat y est rude, la sécheresse règne l'année durant. Tout est desséché, crispé, battu par les vents d'altitude. Le plateau s'élève à près de 2 700 mètres. Mais ici aussi, c'est le début du printemps, avec le long des chemins des aubépines et des épines-vinettes en fleurs, et au ras du sol des plantes que je ne connais pas, dont certaines ont des fleurs ravissantes, de ces minuscules fleurs de montagne aux couleurs vives, qu'on sent solides malgré leur petite taille.

Dans ce site, voilà ce qu'ont fait les Anasazi. Tiens-toi bien : ils ont construit des groupes de maisons non pas sur le plateau, à découvert, mais dans la falaise, à quelques mètres en contrebas. Ils ont bâti et accroché de mini-villages à la verticale, contre des murs de pierre énormes, abrités par le surplomb! On y descend à l'aide d'échelles de cordes, le long du rocher, probablement comme ils devaient le faire eux-mêmes. Les habitations sont parfaitement conservées — il fait si sec —, tout est resté en place, les poutres, les cloisons, les murs, les ouvertures, les petits greniers à grains, les grandes *kiva*[1] souterraines, les traces de récoltes, les pots, les paniers. C'est stupéfiant!

Mais quelle complication que de vivre ainsi...

---

1. *kiva* : grande salle circulaire, enterrée, et dont le plafond situé à hauteur du sol était couvert de branchages tressés. Les *kiva* étaient vraisemblablement des lieux de rassemblement et de réunion, peut-être même des lieux de culte.

Tu imagines ? Pas question de te réveiller en pleine nuit et de te lever pour aller faire un tour dehors, encore ensommeillé. À un mètre du lit c'est le vide ! Pas question non plus d'oublier les courses en haut ou de laisser jouer les enfants seuls dans l'allée. L'espace extérieur est réduit à une étroite bande de circulation qui borde l'à-pic. Mais quelle ingéniosité, quelle astuce, quelle étonnante manière d'occuper un site aussi inhospitalier ! On a pensé que les Anasazi avaient fui un ennemi, s'étaient réfugiés sur les plateaux et dans ces habitats de falaise pour se cacher... C'est possible, et même vraisemblable, mais une fois là-haut, rien ne les obligeait à construire de la sorte, de la façon la plus compliquée qui soit. On ne peut admettre qu'ils se terraient encore, puisqu'ils utilisaient le dessus du plateau pour leurs cultures. Alors quoi ? Le désir de se sentir protégé, l'envie d'être à l'abri ? Bons architectes comme ils l'étaient, ils auraient très bien pu aménager des villages à l'horizontale, et parfaitement sécurisants. On ne sait quoi penser...

L'homme est si ingénieux, si habile à imaginer des solutions, même irrationnelles. Je ne crois pas à la théorie selon laquelle les peuples tirent parti au maximum de leur environnement. L'habitude et l'expérience, surtout dans les régions difficiles, commes les pôles ou le vrai désert, ont certes instauré des usages proches de la perfection, mais c'est loin d'être le cas partout ailleurs. On peut noter quantité de situations où d'autres solutions auraient pu être envisagées. C'est une question d'angle de vue, de traditions, de mille choses. C'est aussi la responsabilité de certains hommes, plus imaginatifs que d'autres et qui proposent des systèmes, des solutions. Parfois elles sont expérimentées, voire acceptées, sans pour autant satisfaire parfaitement aux besoins, mais tout simplement parce que personne n'a pensé à quelque chose de plus adapté ou de plus simple.

Aussi suis-je convaincue que les Anasazi étaient des gens compliqués. Ils auraient pu faire plus simple, c'est certain. Mais j'admire cette faculté des hommes à inventer, à créer. J'aime l'idée d'une complexité, d'une pensée préexistante à l'acte, d'un concept, d'une abstraction. Peu importe que la réalité ne suive pas... Voilà un sentiment bien humain, faire quelque chose, peu importe quoi! Les Américains ont poussé l'axiome plus loin que quiconque. Peut-être est-ce pour cela qu'ils admirent tant les Anasazi, qui tout en ne sachant presque rien avaient déjà l'esprit de complication?

En tous les cas, pour rien au monde je ne voudrais vivre à la verticale. Le moindre mouvement d'humeur, la moindre contrariété, le moindre petit coup de cafard, et il suffit d'un pas pour en finir. Je serais déjà morte dix fois... On dit « oh! et puis zut! », on fait un pas et c'est le gouffre, mille mètres de chute libre. Je serais curieuse de savoir comment ces gens rendaient la justice... Mais ceci est une autre histoire.

En descendant de Mesa Verde, on retrouve la plaine et la « terre d'Indiens ». Je connais bien maintenant ce paysage, c'est le même qu'en Arizona, dans la réserve des Navajos. Elle déborde d'ailleurs sur l'État du Nouveau-Mexique, où j'entre bientôt. Mais pour l'instant je suis en territoire Ute, et la seule chose qui distingue la terre des Utes de celle des Navajos est la couleur du sol. Orange là-bas, plus jaune ici, un gris-jaune un peu terne. Pour ce qui est de l'allure, elle reste la même, on se croirait dans un pays du tiers-monde, c'est incroyablement triste.
Au loin sur la plaine est posé Shiprock, un rocher en forme d'immense voilier. Majestueux, énorme, il veille sur la grande étendue de sable et de pierre jaune, pareille à une mer. Lorsque j'arrive à la San Juan River, je prends la direction de Farmington, vers l'est. De plus en plus de *pick-up* apparaissent sur la route, dans

lesquels s'entassent des familles d'Indiens. Farmington est une vraie ville, située aux confins des deux réserves utes (Utes de la montagne et Utes du sud) et de la réserve navajo. Je ne m'y arrête pas et je poursuis vers l'est, j'ai entendu parler de ruines précolombiennes, aztèques semble-t-il, et je veux aller voir ça de plus près.

Mais Aztec Ruins n'a d'aztèque que le nom, donné à la hâte par quelques colons ignorants qui crurent en découvrant le site tomber sur la maison de campagne de Montezuma. S'il avait connu la belle Amérique, ce cher homme, nul doute qu'il n'aurait eu d'autre ambition que de se faire construire un palais au Far West... Mais ce sont les Anasazi — encore eux — qui ont édifié ce grand village, au sol cette fois, et ce n'est qu'en voyant les vestiges de ce qui, il y a huit cents ans, devait être une ville, que j'ai compris à quel point ils étaient doués pour le bâtiment. De petites pièces alignées le long de couloirs courbes entourent d'énormes *kiva* circulaires, on reconnaît en avançant dans ces enfilades de salles des garde-manger, des réservoirs à grains, des volières où étaient entreposés les perroquets venus d'Amérique du Sud et dont les plumes devaient servir aux ornements des habits et des bijoux de cérémonie, des chambres, des entrepôts divers, des pièces garnies de bancs, ou de placards, d'autres aux murs munis de patères, de tringles... Une partie de la ville est enterrée, y avait-il des étages par-dessus et ne reste-t-il plus que le sous-sol, ou bien la mode était-elle à l'habitat de niveau -1 ? On ne sait pas... De ce qu'il reste du moins, tout est très bien construit, astucieux, simple et solide. Il paraît que le fleuron bâti par ces grands architectes se trouve à Chaco, un peu plus au sud. J'irai dès demain.

Pour l'instant je t'embrasse à la verticale et je me dépêche de planter ma tente avant la nuit. J'ai trouvé non loin d'Aztec un carré d'herbe planté de saules pleureurs, autant dire un petit miracle en terre d'Indiens. Je t'embrasse encore.

XIV

Lundi 30 mai

Cette fois tu vas croire que j'attire les intempéries et que je traîne dans mon sillon comme une nuée sombre chargée de dépressions, de vents et de tempêtes. J'excite les éléments sans doute... je les encourage, les pousse au crime. Je suis le joueur de flûte qui, au lieu d'éloigner les rats de la cité, les y fait entrer en courant. Voici donc le dernier de mes accidents climatiques... En me réveillant sous les saules l'autre jour, j'ai entendu le bruit oublié des gouttes d'eau sur un feuillage. Douce chanson de la pluie éparse qui tombe lentement, sans précipitation. Je fredonnais dans l'air frais du matin, en repliant à la hâte ma toile de tente, à l'abri des arbres. Je n'ai même pas eu le loisir de ranimer mon feu, la giboulée était sur moi.

À la ville voisine où j'ai pris de l'essence, la

grosse Indienne qui tenait la caisse m'a accueillie avec un sourire réjoui. La pluie est rare en pays navajo et celle-là s'enflait maintenant, arrosant plus dru la terre aride, mouillant la route et les maisons basses. Tout en buvant à la paille un café géant, j'ai demandé si la pluie me suivrait vers l'est. Un vieux Navajo m'a répondu, qui me montrait du doigt le ciel sombre et chargé. « Il pleut à Nageezi, et peut-être à Chaco », a-t-il dit simplement. Exactement là où j'allais... Je sentais le plaisir dans leurs voix, une sorte de soulagement, de joie secrète. La pluie tant attendue venait enfin, elle allait faire fleurir le désert, abreuver le sol qui fumait déjà. J'ai pris la route, sous l'averse. J'avançais lentement, en faisant jaillir des deux côtés de la voiture de grandes gerbes d'eau, qui clapotaient en continu. Je roulais dans les flaques, je respirais l'air trempé déjà, tout rafraîchi. Mais au lieu de faiblir, ainsi que je l'avais espéré, la pluie prenait de la force et s'excitait, comme enivrée de sa propre puissance. Des ruisseaux se formaient sur les bords de la route, dévalaient les pentes des éboulis, charriaient des graviers et du sable.

Bientôt des rivières de terre rouge ont commencé de se répandre, elles traversaient la route en zigzaguant, descendaient des collines en ravinant le sol trop sec, creusaient la terre qu'elles entraînaient dans leurs flots. Je voyais à peine la route, disparue sous un voile liquide, le paysage entier était noyé, les contours brouillés, des trombes d'eau se déversaient maintenant du ciel, ravageant les pentes des petites buttes, battant la terre qui refusait de s'ouvrir sous la pression, arrachant des mottes et des pierres. Furieuse de ne pouvoir se frayer un chemin vertical, la pluie bouleversait le sol, le violentait de toutes ses forces, lui arrachait sa surface, le griffait. Des filets de sang coulaient partout, qui rejoignaient plus bas des lits de rivières desséchés, gonflés soudain, bouillonnants, rouges.

Je ne pouvais m'arrêter, la visibilité était trop faible, je ne voyais même plus les bordures peintes sur le bitume. J'avais un peu peur, la grosse Chevrolet partait en glissade sur la route transformée en piscine, il me semblait que le volant ne servait plus à rien, je m'y cramponnais pourtant comme à une bouée, incertaine de l'issue de la lutte. Un énorme camion m'a doublée, que je n'avais même pas aperçu dans le rétroviseur, et je n'ai pris conscience de sa présence que lorsqu'il m'a dépassée, de toute sa masse lancée à fond de train. Le pays n'était plus qu'une énorme averse, qu'un gigantesque déversement d'ondées diluviennes. J'ai vu passer à droite la route de Chaco, qui partait en tournant dans les buissons de sauge ruisselants.

C'était une piste pierreuse sans goudron et il aurait été impossible d'affronter le torrent de cailloux qu'elle était devenue. J'ai renoncé et j'ai poursuivi mon chemin. J'avais l'impression d'être moi-même entraînée par la pluie, poussée et chassée, brutalisée par l'inondation qui se répandait en surface, couvrait tout.

À la frayeur a succédé cependant une gaieté stupide de canard barbotant, de grenouille par jour de grand vent, il me semblait jouer avec l'eau, être dedans. Les gouttes cognaient aux vitres, trop rapides et nombreuses pour que les essuie-glaces puissent les effacer, martelaient la tôle dans un bruit de réfectoire en folie, s'infiltraient là où elles pouvaient. J'avais entrouvert la vitre pour chasser la buée et des bribes de pluie entraient par la fenêtre, me frappaient à la joue, tels des pinçons mouillés. Seule sur la route, j'affrontais la pluie chère aux Indiens, et cette grosse démonstration de violence me faisait sourire.

L'Amérique ne peut-elle donc faire les choses calmement, tranquillement ? On dirait bien que non, et que jamais rien dans ce pays ne se distingue par la finesse et la grâce. Pas de crachin mélancolique sur les rochers gris et ronds de la côte, pas de pluie fine sur la campagne tendre et ensommeillée, pas de bruine piquante au matin sur les étangs vifs et clairs. Non ! des ravins de sang dans la terre brune, de la pluie qui fait mal avant de faire du bien. Étrange, n'est-ce pas, que cette nécessité de déployer des forces excessives, de rugir sa colère à la face du monde ? Brutalité, sauvagerie, vandalisme, emportement, fougue et passion, outrages, assaut, rudesse et véhémence, voilà la nature de ce pays. Une petite pluie qui commence normalement se transforme en déluge d'apocalypse... Et tout est à l'image de cette disproportion ! On ne peut compter sur la tempérance de l'Amérique, sur sa mesure. Elle n'en a aucune !

Je roulais toujours, poursuivie par les rideaux d'eau. J'ai traversé par le sud la réserve des Apaches Jicarillas, j'ai franchi des rios nés du matin et qui caracolaient gaiement entre les cailloux, j'ai dépassé de petits villages aux noms espagnols, dégoulinants. Je suis entrée finalement dans Santa Fe, et le soleil est sorti des nuages et a éclairé l'eau qui s'est mise à briller, ralentissant son bombardement après un si violent exercice. Tout était trempé, les voitures avançaient lentement, les piétons mettaient un pied dehors, marchant comme sur des œufs, les arbres s'égouttaient en de grands frissons de palmes, les fleurs pleuraient. La ville toute mouillée s'ébrouait timidement, il faisait frais et la lumière neuve du matin apparaissait en plein midi, comme retardée par un réveil paresseux.

Voilà comment une pluie m'a conduite en ville, alors que je n'avais pas prévu d'y venir si tôt. Chaco Canyon m'a passé sous le nez, provisoirement...

Que te dire de mon incursion dans la civilisation ? Rien, si ce n'est qu'un bon lit, une baignoire et un fauteuil sont les objets familiers qui m'ont paru les plus agréables. J'ai apprécié aussi les petits cafés d'artistes (mais oui ! il y en a) où on vient lire le journal en mangeant des muffins, où l'on fait des rencontres. La pluie s'est remise en marche à un rythme irrégulier mais avec beaucoup de constance, et les gens viennent se réfugier dans les librairies, les restaurants et les petits bars sophistiqués. Santa Fe ressemble à une ville de cinéma, fixée pour l'éternité dans son apparence coquette, charmante petite bourgade espagnole d'un autre temps, dont je comprends la réputation de charme. Elle me fait l'effet d'une dragée posée dans un écrin de papier blanc dentelé, tout y est plutôt petit et élégant, ce qui tient du prodige dans l'Amérique démesurée.

Loin de mes feux de bois et de ma vie sauvage, et après une journée supplémentaire de pluie que j'ai passée à marcher dans les flaques des rues du centre, j'ai attrapé un bon rhume. J'en ai profité pour rester au lit, j'ai lu des polars et bu de la vodka. En guise de convalescence j'ai visité deux superbes musées, dont un nouveau musée d'Art indien particulièrement réussi. Bien qu'on n'ait pas jugé utile de conserver vivants les artistes et leurs descendants, il nous reste leurs belles poteries à motifs, les céramiques et les tissages subtils, dont je te rapporterai des images. J'ai encore regretté qu'on ait massacré ces peuples... Mais j'arrête de geindre, je t'ai déjà dit tout cela.

Pour l'anecdote, j'ai vu les fameuses montagnes « Sangre de Cristo », que je n'imaginais pas si près, et qui offrent à la petite ville de Santa Fe une belle toile de fond écarlate, j'ai vu aussi d'autres habitats troglodytes d'Anasazi égarés, toujours perchés, accrochés dans une falaise volcanique, mais accessibles par le bas, cette fois. J'ai vu le Rio Grande depuis le Gorge Bridge, un pont métallique qui passe à deux cents mètres au-dessus du fleuve. En me penchant par-dessus la rambarde, j'ai eu le vertige, le vrai vertige qui fait mal au cœur et frappe au ventre. J'en ai été la première surprise car je n'y suis pas sensible d'ordinaire, mais à cet endroit, sur ce pont étroit que faisaient vibrer les voitures, si haut dans le ciel entre les flancs du canyon vert, avec en bas le grand fleuve qui ressemblait à un ruisseau, j'ai ressenti l'étourdissement qui laisse croire que l'on va tomber. Je regardais l'eau et soudain j'ai vu un bateau, un canot qui descendait le courant, avec à son bord cinq ou six personnes. Et l'esquif paraissait si minuscule, si frêle, que j'ai compris tout à coup la distance qui me séparait de lui. J'aurais eu la même vision depuis la terre, je ne crois pas qu'elle m'aurait renversée à ce point, mais d'un pont, suspendue dans le vide, je l'ai trouvée particulièrement impressionnante. J'ai fermé les yeux, j'ai pensé à Eiffel très fort (il aurait pu construire ce pont et j'ai une confiance aveugle en ce qu'il a bâti, tu le sais), puis j'ai repris mes esprits. Ensuite j'ai pu regarder de nouveau... Mais je n'ai pas manqué de me souvenir que je restais une petite miette dans l'immensité, même s'il me semble aujourd'hui que je m'habitue peu à peu à la grandeur des paysages et aux proportions gigantesques.

Malgré le plaisir du confort et la douceur qu'ont apportés à l'air et aux lumières deux journées de vraie pluie, j'ai hâte de repartir, de retrouver mes terres d'Indiens et la poussière, les roches sèches et les étroits canyons. Ne pas avoir de lieu familier où rester, ni de point d'attache, me pousse à aller de l'avant, à me déplacer sans cesse, à occuper le temps qui s'étend devant moi, car dès qu'il n'est pas employé, le vide se fait et je ressens brutalement l'absence de repères et de références. C'est pour cette raison aussi que le temps paraît si long en voyage. Plein, il est beaucoup plus « occupé » que partout ailleurs. Vide, il s'étire à l'infini. La solitude me pèse aussi lorsque je m'arrête de cheminer et que des signes familiers me rattrapent et me rappellent la vie quotidienne. Je pense alors à toi et ton absence se fait sentir plus cruellement. Je me sens triste et j'aspire à retrouver le mouvement berçant de l'errance. D'avoir brisé mon rythme grâce à ce rhume providentiel me remet finalement en selle avec plus d'énergie. Demain je reprends la route, régénérée, lassée déjà des coussins et des cafetières électriques. Je t'embrasse sur canapé...

XV

Jeudi 2 juin

Les campagnes reprennent, et avec elles les surprises. Les paysages changent parfois si brusquement, on passe en un instant d'un paradis verdoyant de collines boisées, de prés fleuris et de rivières à la pauvre « terre d'Indiens », pelée, poussiéreuse, misérable... C'est stupéfiant ! Cela se fait parfois au détour d'un virage, avec une rapidité désarmante. On a l'œil rempli de la douceur des verts, des grands arbres et des sources vives, des cow-boys à cheval qui font pâturer les troupeaux dans les prairies et sans transition on se trouve dans l'aride bassin de la rivière San Juan, planté de sauges grises et recouvert de sable jaune. Je reprends la route vers l'ouest, Santa Fe a marqué pour moi le tournant du voyage, c'était mon étape la plus orientale et je reviens maintenant vers l'océan, mais par d'autres chemins. Je vais bientôt revoir les paysages de la grande réserve navajo, puis de nouveau l'Arizona bien-aimée et enfin les grandes formations rocheuses de l'Utah. C'est bien simple, j'ai l'impression de rentrer à la maison...

Et de fait je suis sur le versant descendant du voyage, j'en ai vécu plus de la moitié, le temps va passer plus vite désormais, comme si par une sorte de loi physique des ascensions et des chutes, les jours qui précédaient le milieu virtuel d'une plage de temps passaient moins vite que ceux situés après. J'ai la confuse sensation qu'il me faut me dépêcher, mais je ne veux pourtant pas perdre ce rythme nonchalant qui jusqu'à présent a guidé mes pas. J'ai atteint hier soir Chaco Canyon, que la pluie m'avait fait manquer. La route qui y mène est une piste très abîmée de plus de quarante kilomètres. Résultat : seuls les acharnés visitent ce site splendide. Il n'y a donc presque personne, une fois de plus. Le paysage, sec et jaune, est austère comme jamais, sur la plaine courent des hautes herbes et les buissons ratatinés des sauges argentées, le sol est caillouteux et la poussière recouvre tout d'un voile poudreux de safran clair. La pluie de la semaine dernière a fait fleurir de petites plantes, au ras du sol, et les arbustes ont repris quelque contenance.

Je suis arrivée tard dans l'après-midi, et j'ai

planté ma tente au pied d'un mur de falaise exposé au soleil couchant, dans un vallon protégé des vents et abrité des regards — lesquels regards sont inexistants bien entendu, ce pays est vide! La pierre, d'un bel ocre chaud, était toute dorée. Je me suis assise dans les sauges, contre une pierre, et j'ai attendu sagement que le soleil se couche et donne son spectacle en Technicolor. Grandiose, comme d'habitude. Car on s'habitue à la somptuosité des couleurs et des horizons... on finirait presque par trouver cela ordinaire. Vois-tu, il n'y a pas d'eau ici, pas de commodités, pas de toilettes, pas d'épicerie, il n'y a rien de pratique et de confortable, mais la beauté du soir y est irremplaçable. Pas un instant je ne regrette la jolie maison où je logeais à Santa Fe... Pendant que je prépare le feu, les étoiles au ciel s'allument et s'installent pour leur ballet tournant. L'air du soir est doux, parfumé des odeurs de chaleur du jour. Je me sens bien...

Au matin je pars dans les ruines. Tu sais à quel point j'aime l'architecture... Celle de cette ville — car Chaco fut une vraie ville, un grand centre de la culture anasazi entre les XIe et XIIe siècles — m'a épatée par sa beauté et sa perfection. L'ensemble le plus impressionnant est composé d'un immense demi-cercle construit sur la plaine, la partie ronde calée contre la falaise, la face tournée vers le sud. Exposition parfaite... Tout a été parfaitement conservé par le climat sec. Les murs qui composent la structure de la ville, son squelette si tu préfères, sont faits de pierres taillées et assemblées par un léger ciment. Cinq types de maçonnerie se côtoient que l'on distingue par leur décor spécifique : des rangées de pierres épaisses alternées avec des pierres fines, des pierres longues et étroites superposées, de petites pierres très plates au milieu de pierres plus rondes, etc. L'ensemble est toujours élégant, parfois superbe. L'agencement des constructions, les successions de pièces couvertes, de chambres, de greniers, de réservoirs, les grandes *kiva* enterrées, les lieux de culte ou de réunion, les bâtiments publics et les petites maisons individuelles, tout est admirablement construit. Des portes à linteau en T assurent le passage d'une pièce à l'autre. La ville entière est reliée par des couloirs et des portes, c'est très astucieux et fort complexe.

Les architectes qui ont bâti Pueblo Bonito et Chetro Ketl (les deux « villes » principales du site) avaient tout pensé à l'avance, tout dessiné. C'est évident lorsqu'on les regarde de haut, depuis le plateau où il est possible de monter, en escaladant le rocher. En contemplant les ruines de la plus grande cité anasazi, j'ai regretté la sévérité de mon jugement à Mesa Verde. Ce que je t'ai écrit, j'y apporte aujourd'hui la nuance de mon admiration. On ne peut refuser à ce peuple disparu, malgré la précarité de ses conditions de vie (je te rappelle qu'ils ignoraient l'usage des métaux), l'hommage de notre considération. Je fais donc amende honorable et je m'incline une fois de plus devant l'esprit humain, si riche, si inventif, si imaginatif et si varié lorsqu'il s'attache à créer quelque chose.

Mais me voici de retour chez les Navajos et je me dirige, toujours plein ouest, vers le Canyon de Chelly, la « merveille des merveilles ». Je passe Gallup, la grande ville indienne — bien qu'elle ne soit incluse dans aucune réserve — où se retrouvent pour chercher du travail et acheter de l'alcool les Navajos, les Hopis et les Zunis, dont les réserves sont toutes proches. Je ferme à demi les yeux pour ne pas voir, tant le décor est empreint de la misère et du désarroi de ces peuples soumis. C'est affreux ! C'est pire que toutes les petites villes africaines que j'ai vues et où la pauvreté s'alliait aux maladies pour frapper les gens, pire que les faubourgs des cités de l'Inde où des femmes accouchaient sur le même trottoir où d'autres attendaient l'autobus en file, pire que toute désolation. Ici, les hommes ont renoncé, il n'y a plus aucun espoir dans leurs yeux, ou si ténu qu'on ne le distingue pas, il n'y a plus d'autre refuge que la fuite dans la folie ou l'alcool. Personne ne sourit jamais. Nous sommes pourtant en Amérique, mais dans l'Amérique des vaincus. Je traverse Gallup à toute vitesse, les yeux rivés à la route, la fameuse route 66 des rêveurs de la *beat generation*. Vite, sortir de là! Je paye cher mes éblouissements de Chaco...

Je roule à travers les territoires vides des Indiens, sur la terre ocre des Navajos, sèche et poudreuse. Toujours des sauges argentées et des genévriers sombres, tout ça bien desséché et résistant, coriace, entêté. Et ça dure, ça dure, les routes n'en finissent pas. Les distances sont comme extensibles dans ce pays... À consulter la carte, il semble toujours que ce ne soit pas très loin, et puis on se retrouve, au bout d'une heure ou deux, pris dans une espèce d'avancée ronronnante, monotone et hypnotisante. La bande de goudron qui forme la route devient comme un ruban auquel s'accrochent les yeux, un serpent vaguement ondulant dont le corps infini vous guide à travers les espaces infinis. Sur les deux côtés du bitume, de petites graminées composent une finition précieuse, comme une bordure élégante, un ourlet vert et rose. Le début de la tige est d'un vert brillant, puis à un empan du sol elle devient grenat clair. La partie rose, plus légère, plie sous le vent gracieusement tandis que la bande verte inférieure — les graminées sont par milliers serrées les unes contre les autres comme les poils d'une fourrure — se tient droite, contrastant dans sa tenue avec les plumets graciles. C'est ravissant... Suis-je encore de ce monde ?

Me voici enfin à Chinle, à l'entrée du Canyon de Chelly et du Canyon del Muerto, qui forment un V et se rejoignent ici. Ce sont deux petits canyons très découpés, relativement étroits mais suffisamment ouverts pour que du haut l'on voie au fond couler la rivière. Chacun s'étend sur une trentaine de kilomètres. La pierre est ocre rouge, presque aussi foncée par endroits qu'à Sedona. Mais la matière de la roche, son relief et sa texture sont exceptionnels. C'est indescriptible, on dirait une succession de mamelons qui dévalent depuis le plateau, les formes sont douces, arrondies, et soudain une falaise s'écroule, plate comme une table verticale, fendue au couteau, puis à nouveau ce sont des dunes pétrifiées aux surfaces polies et striées de veinules. On croirait par endroits marcher sur une grosse femme de pierre, riche de seins et de rondeurs. C'est la sensualité de ce site pourtant austère qui m'a séduite. C'est pourquoi je l'appelle la « merveille des merveilles ». Il y avait à Arches un peu de cette douceur-là, mais ici la majesté du lieu, son intensité — tout est ramassé sur une petite surface — lui donnent une force qui émeut. Il me semble n'avoir encore rien vu de si beau, mais c'est ce que j'éprouve à chaque nouvelle étape. Je reste subjuguée au-dessus du vide, à regarder le mélange des arbustes et de la roche, de l'eau et du sable, des couleurs tendres et des teintes vives. J'ai envie d'aller partout, de tout voir, j'ai envie de crier tellement c'est beau... et je me sens petite et muette, une fois de plus.

Je suis descendue, en sautant sur les larges dalles rondes, jusqu'au fond du canyon. En une heure j'y étais. Le long de la rivière des Navajos cultivent encore du maïs dans de petits champs, font paître des moutons, se déplacent à cheval. Quelque part j'ai entendu un agneau appeler sa mère. Il criait depuis un bosquet de saules, au bord d'une étroite plage de sable. J'ai enlevé mes chaussures pour entrer dans l'eau. Elle était tiède, peu profonde. Sur un arbre mort couché en travers du ruisseau un vieil Indien était assis, laissant tremper dans la rivière ses pieds nus, clignant des yeux au soleil. Il m'a saluée, et j'ai continué à marcher jusqu'à la White House, une ruine anasazi accrochée dans une mince excavation, sous une falaise abrupte de plusieurs centaines de mètres de haut.

On ne peut monter sur le surplomb où fut construite cette maison, les anciens habitants utilisaient eux-mêmes des échelles, ainsi que des encoches taillées dans la pierre dont on voit encore les traces, polies par l'usage et le temps. Mais d'en bas, on voit très bien le petit bâtiment. Il se fond dans la roche, s'insère sous le surplomb comme s'il voulait s'y inclure. D'autres constructions de ce genre émaillent les deux canyons, elles sont toujours en harmonie parfaite avec leur support. On ne peut faire plus discret, plus intégré dirions-nous aujourd'hui. Mais peut-on, lorsqu'on vit ici, supporter de défigurer ce que la nature a si bien travaillé ? Peut-on désirer s'imposer, marquer sa présence d'une griffe agressive ? Les rares visiteurs le sentent, qui parlent bas et marchent lentement.

J'étais seule au bord de la rivière et seuls des Indiens occupaient la vallée, des femmes en robes traditionnelles de velours frappé, couvertes de bijoux ornés d'énormes turquoises, et des petits enfants à moitié nus qui pêchaient dans la rivière et qui m'ont fait signe d'avancer doucement, pour ne pas effrayer les poissons. C'était paisible, l'après-midi coulait au rythme de la rivière plate, des vautours roux faisaient des ronds dans le ciel, et des massifs de *datura* exibaient leurs larges fleurs blanches, sur fond de feuillage vert épinard, comme un appel à l'hallucination. Tu connais sûrement cette plante vénéneuse, utilisée comme une drogue dans les pays où elle pousse. Les Indiens s'en servaient pour provoquer des visions, je ne sais s'ils continuent d'en consommer. Il y en a partout ici. Mais pas besoin de décoction de *datura* pour goûter au bien-être qui se dégage de cette petite vallée, protégée par les hauts murs du canyon. C'est certainement le seul endroit où j'ai senti les Indiens que j'ai rencontrés « chez eux » en quelque sorte, à l'aise dans un élément qui est le leur et qu'ils connaissent depuis des siècles. Il n'y aura pourtant plus de femmes comme celles que j'ai croisées d'ici quelques années, il n'y aura plus de robes et de bijoux traditionnels, il n'y aura plus de troupeaux et de cultures, mais aujourd'hui ce que j'ai vu m'a fait plaisir, non parce qu'apparaissait une survivance de ce qui fut ici l'image du bonheur, mais parce que je voyais pour la première fois des gens qui me regardaient en face, et me parlaient.

Quand je suis repassée devant lui, le vieil Indien assis sur un tronc m'a demandé d'où je venais. Lorsque j'ai parlé de la France, il m'a dit qu'il ne savait pas où c'était, puis lorsque j'ai parlé de l'Europe, des sept mille kilomètres de distance qui me séparaient de mon pays, il m'a lancé un coup d'œil entendu avant de demander : « Et combien cela vous a coûté en essence pour venir de si loin ? » J'ai dit qu'une mer était entre nos deux continents, que j'étais venue en avion. Ça l'a fait rire et il m'a souhaité bonne chance en navajo. C'est une langue difficile, dont les sons ne nous sont pas familiers et qui est si complexe que les services secrets l'ont utilisée comme langage codé pendant la Deuxième Guerre mondiale. Les *belagana*[1] ennemis ne pouvaient pas la comprendre, encore moins la décrypter.

Le soir tombe et je vais chercher un endroit abrité pour planter ma tente. Tu me manques aujourd'hui plus que les autres jours. Parfois je voudrais partager la moisson d'impressions et d'émotions que je ramasse, je voudrais aussi me reposer dans tes bras et oublier que je cours sur la terre comme une petite fourmi sur un rocher trop gros. Je t'embrasse fort.

---

1. *Belagana* : « étranger » en navajo.

XVI

Dimanche 5 juin

On the road again... On ne peut comprendre le sens de ces mots tant qu'on n'a pas roulé en Amérique. Routes infinies, droites, au travers de la nature brute, des plaines et des vallées, à l'assaut des montagnes, des collines, au fil des canyons et des fleuves. Être lancé sur ces routes offre une sensation de douce griserie, indépendante de la vitesse — je ne vais jamais vite —, une invitation à la rencontre avec les terres parcourues, à l'inclusion presque. On ne fait que passer, mais on est là, seul, alors que le reste du monde est ailleurs. Et le temps que dure le passage on appartient au paysage, on en fait partie, on l'enferme du regard autant qu'il nous englobe. C'est enivrant... J'ouvre les vitres de l'auto, je monte le volume de la musique et je laisse s'élancer la grosse Chevrolet sur le goudron lisse. Une fois lancée, elle ne bouge plus, je ne l'entends même plus, elle se fait oublier, toute à sa force d'inertie qui nous entraîne à travers le pays navajo, puis le territoire des Hopis, dont la réserve est incluse en enclave ronde dans celle des Navajos. Les mesas de pierre jaune clair parsemées de genévriers et de sauges changent un peu de couleur, deviennent plus roses, les ombres sur les rochers s'adoucissent, mais peut-être est-ce la lumière du soir qui donne au pays indien ces teintes de corail.

La réserve hopi m'a semblé plus vide encore et désolée que celle des Navajos, quelques villages, des groupes de maisons plutôt, on dirait que plus personne ne vit ici. J'ai croisé pourtant sur la route qui mène de Chelly à Tuba City quelques *pick-up*, et aussi deux Indiens à pied, deux hommes qui marchaient le long de la route en parlant. L'un avait de longs cheveux noirs, attachés en queue de cheval, l'autre, plus jeune, était coiffé à la manière traditionnelle, les cheveux coupés droit en frange sur le front et les oreilles, tandis que ceux de derrière regroupés en faisceau formaient un huit à l'arrière du crâne, fixé par un mince ruban rouge. Il avait un visage magnifique, des lignes pures de masque inca, j'ai ralenti pour mieux les regarder tous deux, je me suis demandé où ils allaient, on ne voyait rien alentour, pas de village, pas de champ. Ils marchaient simplement, et parlaient... Vision d'un autre monde, d'une Amérique désertée et lunaire, peu hospitalière, et qu'on dirait infinie. Ici quelque chose s'est arrêté, mais on ne sait pas très bien quoi.

Tandis que le soleil se couche sur le plateau, étirant les ombres et baignant la pierre d'un bain d'or rouge, j'écoute le silence se poser sur la terre hopi, et je pense à la Terre de Feu d'où vinrent jadis ces Indiens, avant de connaître la mort et l'oubli. Les poupées katchinas avec lesquelles jouaient autrefois les enfants dorment maintenant dans les vitrines des musées et les villages n'abritent plus qu'une poignée d'habitants. La beauté du soir est poignante, les plaines descendent en contrebas des mesas et s'étendent à perte de vue. C'est magnifique, émouvant de beauté grandiose.

Je ne sais plus où je veux aller... Je n'ai encore rien décidé. Je m'arrête au motel de Tuba City pour la nuit. Devant ma chambre des chevaux caracolent dans un pré vert. Dans les rues poussiéreuses des Indiens errent, tels des fantômes, aveugles désormais à ce qui fut leur univers.

Au matin, j'ai pris ma décision. Je ne suis pas loin du Grand Canyon et il me prend l'envie d'aller en visiter la North Rim, la rive nord si tu préfères. Après quelques semaines, le monstre a perdu à mes yeux de sa sombre puissance et me fait moins peur. Je me sens assez en forme pour l'affronter de nouveau, aller en découvrir l'autre face, celle dont je voyais les contreforts lorsque je me trouvais sur la rive sud. Je reprends la route, toujours en direction de l'ouest. Un peu avant Page je quitte la réserve des Navajos, je traverse le fleuve Colorado au niveau de Marble Canyon et j'entre dans les Vermilion Cliffs, des falaises rouge vif, d'un autre rouge encore que celui de Sedona ou de Chelly, exactement vermillon. Superbe, irréel, je reconnais bien là les effets spectaculaires que prépare à ses visiteurs le Grand Canyon. Mais il faut encore se hisser sur le plateau de Kaibab, à plus de 2 700 mètres d'altitude, et traverser la grande forêt du même nom, plantée de pins *ponderosa*. Les pins et les bouleaux-trembles accompagnent le visiteur jusqu'au bord du canyon. Et le vertige recommence...

La North Rim du Grand Canyon ne reçoit pas le dizième des visiteurs de la South Rim. Il y a plusieurs raisons à cela, la principale étant l'altitude — la rive nord est plus élevée de quelques centaines de mètres — qui en interdit l'accès la moitié de l'année. L'unique route est enneigée jusqu'en mai. Les grandes forêts qui couvrent le plateau de Kaibab assombrissent encore un décor déjà inhospitalier. Ensuite, on ne peut descendre au fleuve et remonter dans la même journée, c'est trop long, il faut dormir en bas. Les marcheurs préfèrent donc l'autre côté... Enfin l'on prétend que la vue du nord est différente, plus sauvage, plus torturée, moins imposante dans sa majesté peut-être.

Pourtant j'ai bien reconnu l'allure massive du géant, ses contours si bien travaillés et ses teintes merveilleuses. Le site est si démesuré qu'il n'y a sur la plus grande partie de sa longueur aucun accès carrossable, et l'unique route qui longe le canyon dessert quelques points de vue seulement, par des chemins étroits qui conduisent à des promontoires, au-dessus du gouffre.

Je me tenais sur l'un d'eux au bord du grand monstre et je me trouvais à peu près en face de la bordure sud où j'avais campé un mois plus tôt. J'essayais de distinguer, sur la longueur de falaises qui s'étalait sous mes yeux, sur les kilomètres de pitons, d'avancées, de buttes, de crevasses, le minuscule sentier par lequel j'étais descendue. Je reconnaissais la plate-forme verte, tout en bas, au-dessus du fleuve, mais de ligne de chemin, point. Trop petit! Il me semblait encore plus extraordinaire d'avoir fait cela à pied, la descente et surtout la remontée.

Mais je reconnaissais aussi la difficulté d'évaluation des grandeurs et l'inévitable perte de repères en comparaison de nos paysages familiers. À chaque instant, l'œil décroche et se perd, l'esprit s'envole, se dissout dans l'immensité. Pourtant les angles de vue sont différents du côté nord, et offrent à l'œil des ouvertures que la rive sud ne montre pas. Depuis Point Imperial, par exemple, en se tournant vers l'est on distingue au fond du canyon le mince ruban vert du Colorado, que l'on ne peut voir de l'autre côté, à moins de descendre. L'accroche de l'œil par ce qui de loin ressemble à un petit filet d'eau aide à soutenir d'autres comparaisons, moins évidentes. Les éclairages également sont autres, la lumière s'accroche sur des avancées rocheuses plus longues, se perd dans des gouffres plus abrupts, se diffracte sans cesse sur des reliefs brutalement taillés. Mais les couchers de soleil restent toujours aussi somptueux. C'est un festival surdimensionné, un spectacle si prenant, si vertigineux et bouleversant qu'on ne peut détourner les yeux.

Il n'est pas question à mon avis de préférer l'un ou l'autre côté du Grand Canyon, les deux sont impressionnants à l'extrême, sublimes dans leur immobilité apparente, dans leur éternité relative. J'ai eu cependant droit à un plaisir supplémentaire sur la rive nord, celui de dormir en pleine forêt. Le petit camping était complet, mais les rangers m'ont conseillé de camper dans la forêt, à l'extérieur des limites du parc. La nuit venue, j'ai quitté le canyon, repris la route de la forêt — j'y ai croisé un grand cerf immobilisé par mes phares —, et je suis allée m'installer au bout d'un chemin défoncé, dans une clairière, au milieu des grands arbres. Des bûcherons avaient dû y faire leur camp car des troncs étaient disposés en carré sur le sol, autour des restes d'un grand feu. Des bûches de toutes les tailles jonchaient le sol, j'ai fait une belle flambée avant de me coucher. Comme j'avais un peu peur, seule dans la grande forêt, et qu'il faisait déjà noir, je n'ai pas monté la tente. J'ai fait mon lit dans la voiture, à l'arrière de mon « wagon ». Je voyais à travers les vitres jouer les étoiles dans les cimes des grands arbres. J'avais bien chaud, je me sentais en sécurité et j'étais contente de moi. Dormir toute seule, dans la forêt, tu imagines ?

L'aube m'a réveillée et lorsque j'ai ouvert l'œil, plusieurs biches, de grandes biches aux yeux immenses et aux longues oreilles entouraient la voiture et me regardaient, intriguées et curieuses. On se serait cru dans une scène de Walt Disney, j'étais au cœur de l'image d'Épinal de l'imaginaire américain, formidablement gnangnan... Mais devenir la Belle au Bois Dormant, au milieu des biches dans la forêt du Grand Canyon, voilà qui me gonflait le cœur de fierté et de plaisir absolu. Je suis sortie doucement de l'auto, elles se sont éloignées tranquillement, certaines restaient à la lisière du bois, encore intéressées. J'ai rallumé le feu et tué quelques gros moustiques qui avaient profité de ma sortie à demi nue devant les biches pour me faire la peau. Comme quoi les contes de fées oublient toujours de préciser tous les éléments de l'histoire... Car il y a toujours un détail placé là spécialement pour venir te gâcher le plaisir, ternir l'image du bonheur parfait et te faire entrer dans la tête, si c'était encore nécessaire, l'idée que la vie humaine n'est qu'une farce gigantesque réglée par quelque démon cynique et stupide.

Je riais toute seule en sautillant autour du feu pour me réchauffer, pendant que le café se préparait, et cela ne m'empêchait pas de penser que jamais je n'avais été si tranquille et si seule au petit matin, sans personne au monde qui sache où j'étais, personne qui vienne me déranger, personne qui puisse surprendre et troubler le calme de cet instant délicieux. À ce moment-là, je peux te le dire, je me sentais parfaitement heureuse. Je pouvais même penser à toi sans que tu me manques! Ensuite je suis retournée au canyon faire une grande marche, là où la forêt vient lécher le bord du gouffre. La journée commençait, j'avançais au milieu des grands séquoias et des pins, devant moi s'éveillait le canyon, les geais sifflaient à tue-tête, rien ne manquait. La pierre, les arbres, la vie, et le grand fleuve Colorado tout petit en bas.

Je t'embrasse avec fougue et tendresse. À bientôt.

XVII

Mercredi 8 juin

Ah ! non ! c'est trop, beaucoup trop. Cela ne finira jamais, c'est hallucinant, fastidieux, ultra-démonstratif, énorme ! Ces cailloux m'épuisent, j'en ai assez vu, je veux des arbres maintenant, assez de pierre, c'est fatigant à la fin, n'y a-t-il que du rocher dans ce pays qu'il s'exhibe à ce point, se montre avec tant d'emphatique ostentation ? Tu ne le croirais pas toi-même... Je viens de débarquer dans un océan de rochers saumon. La légendaire couche rose... disparue déjà au Grand Canyon, rescapée au sud de l'Utah, où je suis de retour, à Bryce Canyon, un étalage de formations rocheuses en aiguilles, concrétions et pitons, dont les formes ne seraient qu'à peine remarquables si elles ne se paraient de cette teinte exorbitante, qui réunit dans sa palette des roses corail et nacarat, des jaunes paille safranés, des blancs d'argent, des violets lilas et zinzolin. J'oublie les orangés légers, les quercitrins pâles et les nuances de pêche et d'abricot, les blancs rosés, les parmes clairs, les roses adoucis de géranium et de dahlia, les doux oranges clémentin et mandarin (j'en viens à inventer des noms pour certaines couleurs, excuse-moi, mais c'est tellement ahurissant!). Un amphithéâtre dédié à la déesse de l'aube, à l'« aurore aux doigts de rose » comme dirait le vieil Homère.

On peut descendre, s'aventurer dans le sein du saumon, car on se croit, au cœur de la roche friable, tendre et rugueuse en surface, virevoltée, rongée par l'érosion aquatique, dans les entrailles d'un poisson fumé, dans l'intestin d'un animal à chair rose. Dans le ventre incarnat de la baleine je me promène, contournant les aiguilles, les longs édifices de pierre dressés vers le ciel, avec lesquels au fond des gorges de grands pins de Douglas rivalisent d'étirement et de hauteur. Tout ici tend vers le haut, cherche à s'élever, quand curieusement c'est l'inverse qui se produit, l'érosion lente, très lente des pics, l'arrondissement au sommet des aiguilles jadis pointues, l'écroulement à vitesse infinitésimale et le polissage incessant du canyon circulaire, jusqu'à l'anéantissement futur, la disparition inévitable de la couche entière, quand plus une miette de pierre rose ne subsistera, plus un grain de sable corail, plus une poussière, plus un souffle.

Pour l'instant, le spectacle s'offre, éclatant, que la lumière vient encore faire chatoyer. Le soleil s'y attarde, s'y amuse, s'y complaît aux heures du soir. Tout semble filtré, vu au travers d'un objectif masqué de rhodoïd, d'un projecteur couvert d'une gélatine orange. C'est presque trop! Fait de cette trop grande beauté qui impressionne et rend muet, car on pressent qu'elle cache une noirceur plus grande encore... Bryce pourtant ne recèle rien de monstrueux ou de perfide derrière les longs murs cintrés de pitons, les lignes courbes tapissées d'aiguilles, les successions de « hoodoos », ces grands rochers isolés taillés en colonnes par l'eau, coiffés de têtes arrondies. Lorsqu'il neige l'hiver, le canyon se couvre de parements blancs, étagés comme un décor de crème fouettée sur une pièce montée de nougatine, des rehauts de sucre glace viennent souligner les reliefs et mettre en valeur la teinte chaude et douce de la roche. Cela fait irrésistiblement penser à quelque confiserie géante, à un gâteau, une gelée, un miel, une croûte chaude, un caramel, un sirop de sucre, un travail ciselé de pâtissier amoureux.

J'ai dormi au bord des pics de sucre roux, pour jouir à la fois du crépuscule et de l'aube, à leur affaire ici plus que partout ailleurs, quand ces deux moments incendiaires trouvent à même la pierre et le sol la parfaite correspondance de leur humeur écarlate.

Je reprends à midi la route en direction de Zion, un parc voisin, mais en chemin je m'arrête à Cedar Breaks, une mini-réserve à plus de 3 000 mètres d'altitude. La grosse voiture grimpe en ronflant, s'accroche à la route, se hisse laborieusement au sommet. Un petit enchantement m'y attend, imprévu et pourtant espéré de longue date. Je t'ai parlé avant mon départ de ces pins millénaires qu'on nomme Bristlecone et qui comptent parmi les plus âgés des arbres. Les séquoias géants, s'ils battent des records de taille, ne sont pas les plus vieux et laissent la place dans la chronologie du monde vivant à ce modeste pin, retiré du monde et ermite parmi les végétaux. Je ne sais presque rien de ces arbres, si ce n'est qu'ils vivent à l'ouest de l'Amérique. On m'avait à Paris signalé leur présence dans la forêt de Humboldt au Nevada, et sur les hauteurs des White Mountains en Californie. Pas plus de précisions ! Malgré le manque d'indices, c'est pour les rencontrer que je suis venue ici, principalement. Mais chercher une poignée d'arbres anciens au cœur du vaste continent m'est apparu depuis comme un défi irrelevable. J'ai presque renoncé à voir un de ces ancêtres. À Cedar Breaks, l'un d'entre eux m'attendait pourtant, un jeunot de mille sept cents ans.

Laisse-moi d'abord te présenter le site. Il s'offre à l'œil comme un grand Colisée de pierre d'environ six cents mètres de profondeur et près de cinq kilomètres de diamètre, un peu moins vivement coloré que Bryce mais tout aussi lumineux, rose et jaune clair. La même chose située loin de Bryce attirerait les foules. Mais l'altitude et la difficulté d'accès — la route principale passe plus au sud — en font un endroit déserté, et c'est absolument seule que je suis allée rendre visite à l'arbre. Des plaques de neige étaient encore collées au sol, il faisait froid malgré le soleil de l'après-midi et je glissais dans la boue formée par la glace fondue et la terre ocre.

L'arbre se tenait accroché au surplomb, au ras du vide. C'est un grand arbre bien sûr, au tronc large et noueux, aux branches fortes et torturées par l'âge, mais il n'est pas si haut qu'on pourrait l'imaginer. Les ans ne l'ont pas développé en hauteur, mais plutôt en densité, en intensité. Ses aiguilles forment des fourreaux au bout des branches, d'élégantes queues de renard vert sombre, brillantes et souples. L'écorce argentée est éclatée par endroits en longues cicatrices qui laissent le bois à découvert, strié de veines blondes et rousses. Des parties de l'arbre sont mortes, d'anciennes branches principales abandonnées par la vie auxquelles ont succédé d'autres ramures qui poussent leur sève vers le haut.

Cet arbre est magnifique, concentré qu'il est sur sa vie intérieure. Il a choisi ce refuge exposé au vent et au froid pour son air pur, raréfié, et pour sa rigueur, qui semble l'aider dans sa lutte. Je respire difficilement à cette altitude, je m'essouffle, j'ai du mal à courir jusqu'à l'arbre suivant, un enfant de plus de mille ans, peut-être de l'âge de Charlemagne, à l'allure magnifique, crispé sur lui-même et pourtant exalté, tendu comme un tragédien en scène, beau, très beau. Lorsque je quitte ces êtres, je me sens aussi heureuse qu'après la rencontre avec une personne admirée, respectée, et qui a daigné me recevoir enfin.

Je reprends la route pour gagner la *dirt road* qui mène à Zion, très *dirt* mais très charmante, courant le long d'une rivière bordée de prairies, de collines et d'alpages au fur et à mesure qu'elle remonte. J'ai l'impression que la géographie se joue de moi comme d'un ludion. *Up, down, up, down*, etc. Descendre pour remonter ensuite, puis descendre à nouveau, jusqu'à la prochaine ascension. Cela dure deux heures... Lorsque je débouche enfin sur la route goudronnée, la voiture est recouverte d'une couche de poussière très fine, qui s'est infiltrée partout. Je suis épuisée et je me demande une fois de plus où sont passés les habitants de ce pays. Je n'ai croisé qu'une voiture sur cette piste, une seule en plus de cinquante kilomètres. Je n'en reviens pas encore de tant de virginité...

J'entre dans Zion au coucher du soleil, sur une route couleur de sang, assortie à la pierre qui s'habille pour le soir de reflets cuivrés. Je ne veux plus regarder, je n'en peux plus de toute cette pierre accumulée, je fonce au bord de la rivière, plante ma tente et m'écroule, rompue. Ce soir je voudrais un lit et une maison. Je voudrais que tu t'occupes de moi et que tu me berces. Je voudrais t'entendre et te voir, te lire au moins. Je me sens seule, et je t'embrasse fort.

XVIII

Samedi 11 juin

Bon ! je me décide enfin à t'écrire de Zion, où malgré l'écrasement je me suis installée, vaincue une fois de plus par l'implacable. Des milliards de tonnes de rocher sont posés ici, des montagnes entières de pur rocher, de grès sans couverture, rouge et gris, d'énormes blocs taillés par la main d'un géant qui tombent dans la vallée en falaises imposantes, se dressent en blocs vers le ciel, prennent des formes de patriarches, des profils de prophètes et des allures de prédicateurs fous. Seuls des Mormons pouvaient trouver l'endroit hospitalier, il n'y a que du rocher, du caillou et encore de la pierre... Il faut aimer se sentir réduit pour vivre en ces lieux, à moins qu'une exceptionnelle confiance en Dieu permette de se sentir égal à ces édifices monstrueux. Je me sentirais plutôt sur le territoire de quelque énorme cyclope, dont je ne sais rien sinon qu'il est prudent de s'en méfier.

La chaleur est revenue, brutale et sèche, qui tape et assomme. J'ai escaladé un des sommets géants, en suivant la piste d'Angel Landing (« l'atterrissage de l'ange »), et en fin de parcours, après deux heures d'ascension au cœur du Refrigerator Canyon — c'est à l'ombre et humide, parfait par temps de canicule —, je me suis retrouvée sur une crête si étroite que le chemin prenait fin et que ne subsistaient pour le passant (rarissime, autant le dire) que des chaînes fixées à des piquets plantés dans la roche, auxquelles on pouvait s'accrocher pour se hisser vers le sommet. Mieux vaut ne pas avoir le vertige, et à en croire la fréquentation au sommet, les dispensés de tournis sont l'exception. Quelle formidable sensation pourtant que d'être au-dessus du monde, dominant la vallée de la Virgin River qui serpente cinq cents mètres plus bas, de grimper tel un singe, agrippé aux maillons de la grosse chaîne dont on ne voit pas le terme. Car le sommet est toujours reculé, il n'est jamais ce mamelon que l'on voit devant, il faut avancer encore, grimper, se hisser, tirer sur ses bras, placer ses pieds dans les encoches aménagées dans la roche glissante, respirer doucement, avancer régulièrement, sans faiblir.

Lorsqu'on arrive enfin, c'est à son tour d'être le géant qui surplombe, en bas la rivière forme un lacet brillant, alimentée par des cascades qui bondissent des falaises. Des mares émeraude font çà et là des taches irréelles, de jade clair. La route rouge, le long de la rivière, court au pied des grandes figures de pierre. D'en haut on reconnaît les monts à leur forme, au nord le Temple de Sinawava, au sud-ouest les Cathedral Mountains avec au-delà les monts Abraham, Jacob et Isaac, qui forment la majestueuse cour des Anciens. En regardant vers le sud, on voit d'abord le Grand-Trône blanc, puis la montagne de l'Arche Rouge, celle du Soleil, les Frères Jumeaux et enfin le Temple de l'Est.

Les Mormons ont tout nommé lorsqu'ils sont arrivés dans cette vallée qui ressemble à un jugement naturel, avec ses hautes falaises dressées, ses sommets caractéristiques, ses visages de pierre. Tout est biblique et pourtant rien ne l'est. L'évidence des mots ne s'impose pas, ces noms sonnent faux, ils paraissent invraisemblables, ridicules dans ce qu'ils ont de prétentieusement naïf. On ne se sent pas concerné par le propos de ces hommes d'ordre et de rigueur qui sont allés jusqu'à prendre à témoin la nature, en voulant la faire participer à leur entreprise de réforme de l'ordre moral. C'est presque risible... Car rien à Zion n'est moral, rien ne relève de l'ordre minuscule des conventions humaines, rien ne se réduit à cette prétention illusoire. Non que cela ne se réduise pas — le soleil lui-même disparaîtra —, mais à une échelle si inconcevable, à une lenteur si excessive que nous n'en percevons que l'essence, sans jamais en toucher la réalité.

La science ne démystifie rien non plus, elle n'explique pas plus que la religion et ses légendes, et j'ai beau lire les résumés des géologues sur les formations, érosions, érections, effondrements, sur les failles et la tectonique, je ne peux que rester stupéfiée devant Zion, muette et terrassée par la majesté d'un monde dont je fais partie sans le comprendre. Pas plus en haut des sommets qu'en marchant dans la rivière entre deux murailles de roche luisante, je ne peux appréhender la force du temps, son impitoyable avancée, son travail de sape et d'irréversible modification. Oh! bien sûr, pour nous cela se traduit par la destruction, la mort, et il est bien difficile à notre esprit d'envisager un mouvement plus large, plus circulaire, qui de la poussière tire le sable qui lui-même forme la roche qui à son tour retourne à l'eau et à la terre, dans un cycle où jamais rien ne se perd. Rien ne se crée non plus nous enseigne Lucrèce, mais tout se transforme sans cesse.

Illustration déprimante de cette théorie quantique, où nul espoir n'est permis puisque jamais rien ne sera sauvé du devenir, puisque jamais rien ne sera introduit dans la vaste ronde qui n'en soit déjà l'élément. Je fais partie de ceux que la pensée de la conservation angoisse, quand d'autres au contraire sont rassurés de ne jamais rien laisser échapper. Alors il est temps que je m'éloigne de ces régions et que je retrouve quelque chose de plus remuant, si toutefois c'est possible dans ce pays de la taille d'un continent, où tout nous menace, jusqu'à l'éphémère des éternités. Je vais ce soir brûler mes dernières bûches et demain je quitterai mon campement au bord de la rivière. Ne fais pas trop attention à mes récriminations, elles m'aident plus qu'elles ne me découragent. Car curieusement, je me suis sentie bien ici, au cœur de cette montagne de cinéma (elle est posée sur le plateau comme un décor), dans ces lumières de cuivre et de platine. Sur les berges de la Virgin River il y avait des saules et des arbustes verdoyants, de petites plages de sable pour y poser les pieds avant d'entrer dans l'eau, et sur les monts j'ai eu de grands moments de pur émerveillement, quand après des heures à souffler dans la chaleur de l'après-midi je parvenais enfin au sommet, face à la vallée tout entière.

Je quitterai demain l'Utah, pour entrer au Nevada, dernier État de mon voyage, que je ne sais comment aborder pour dénicher les Bristlecone. Nulle mention sur les cartes, aucun signe, aucune précision, nul ne semble rien savoir sur ces arbres. Il faut dire que je n'ai parlé à personne depuis quatre jours... Je te saoulerais de bavardages si je t'avais devant moi, je t'accablerais de récits et t'empêcherais de dormir si je te trouvais sur mon chemin. Mais pour l'instant personne, l'Utah est le plus vide des États de la grande Amérique. Je donnerais cher pour te voir apparaître.

XIX

Lundi 13 juin

Ça s'est compliqué brusquement... Et je me suis retrouvée tout à coup, sans que rien ne l'ait laissé prévoir, dans une de ces humeurs vagues de fin d'été, où l'on se demande pourquoi l'on est si triste, quand rien ne le justifie apparemment, mais que le soir, à la tombée du jour, on sent les larmes monter et sa gorge se nouer. Je m'étais arrêtée au motel d'une petite ville sans charme, aux confins de l'Utah, du Nevada et de l'Arizona, un motel banal comme il y en a tant dans ce pays, simple et impersonnel. Je regardais la carte du Nevada que je venais d'acheter et je parcourais des yeux l'étendue presque blanche où ne figuraient pas de villes, peu de forêts et encore moins de réserves naturelles. Le Nevada... Seule Las Vegas tire son épingle du jeu ! L'État est si désert que l'armée y a installé des bases et des terrains d'essai, à l'abri des regards et des indiscrétions. De grands carrés sur la carte ne contiennent rien, pas même des routes et j'ai lu, légèrement ennuyée, les appellations notées en rose clair sur les parcelles, AEC NUCLEAR TESTING SITE, NELLIS AIR FORCE RANGE, TONOPAH TEST RANGE, etc. Passer par là ? Cela ne me plaisait pas trop. Je me voyais déjà transformée en tubercule pustuleux, développant des organes improbables et anarchiques, rincée à l'air radioactif, prise en otage. Et puis je cherchais des arbres, pas des missiles...

Mais ce qui m'attendait dépassait l'ironie la plus pernicieuse des chercheurs fous. Figure-toi que la forêt de Humboldt, dans laquelle je savais trouver les vieux Bristlecone, s'étend sur tout l'État du Nevada, répartie en larges morceaux verts tous dénommés semblablement, comme si sur une carte de France toutes les forêts portaient le même nom. Forêt de Rambouillet, forêt de Rambouillet, forêt de Rambouillet... Jamais je n'ai vu ça, à des dizaines (parfois des centaines) de kilomètres l'une de l'autre, il s'agit toujours de la même forêt. C'est insensé ! J'ai affaire dirait-on à une sorte de mutagenèse particulière, de clonage forestier d'un genre nouveau, une Brocéliande infernale, toujours renaissante, et qui fait tourner le voyageur en bourrique... Et rien autour, pas de Bryce, pas de Zion, pas de canyons roses et verts, pas de fleuves ni de lacs, pas de curiosités qui délassent la vue en chemin. Du blanc, du blanc fade et quelques traits noirs ou gris sinueux, figurant les routes de seconde zone. Consternation ! Je ne peux courir d'un morceau de forêt à l'autre, c'est impossible, le pays est beaucoup trop grand. Forêt diabolique, qui en éclats se fragmente, pour me désorienter, me perdre.

Désemparée, seule dans une petite ville de province minable, je cherche un bar où noyer ma déception, un petit pub où je pourrais rencontrer quelque autochtone devant un verre de whisky, et qui par hasard connaîtrait la multiforme forêt de Humboldt. Mais pas un estaminet, pas un petit débit de boissons, pas même un restaurant qui servirait du vin, impossible de trouver après neuf heures du soir quelque endroit où se rendre et soulager sa peine. On ne boit pas en Utah ou du moins pas ouvertement, sans doute pour mieux tancer le tout proche et décadent Nevada qui de son côté se complaît dans la permissivité la plus vile, pays de casinos et d'immoralité. Je peste contre les Mormons, contre cette province étriquée et obscure, je peste aussi contre le Nevada tout entier et dans un accès de fureur décide de rayer l'État de mon périple, puisqu'il ne veut pas de moi et me nargue. Les uns singent la sainteté, les autres jouent au diable... Qu'ils restent confits dans leurs idées fixes et qu'ils soient maudits !

J'étais très furieuse, puis de retour au motel la colère a fait place à une lassitude étrange, une de ces fatigues tristes que l'on éprouve à la fin des vacances, quand on voudrait abréger les jours qui subsistent, déjà empreints de nostalgie à l'idée de rompre un rythme si bien installé, de mettre un terme à quelque chose de familier et d'agréable. Il m'a semblé que le voyage s'achevait, que plus rien ne s'offrirait désormais à moi, ce refus opposé me faisait l'effet d'une barrière infranchissable, d'une fin de non-recevoir définitive. Le voyage m'apparaissait soudainement comme un long exil que je m'étais imposé, un défi à moi-même, une épreuve à endurer. À ce moment-là, tu m'as vraiment manqué, et je me répétais ces absurdes conseils solitaires que l'on donne à son âme blessée lorsqu'on est seul, des conseils de patience, de légèreté et de désinvolture, d'endurance et de résistance aussi. Le lendemain, j'avais pris ma décision. J'abandonnais les Bristlecone et retournais en Californie.

La chaleur m'a accompagnée tout au long de

la traversée de la partie sud du Nevada, traversée compliquée par le manque de routes et la présence de Death Valley de l'autre côté, qui bloque la sortie de l'État comme un gros dragon étalé interdisant l'accès de l'ouest, véritable fournaise que j'ai longée par l'est et dont je voyais s'élever la chaleur telle une nuée sèche, poudreuse, sur la plaine claire. Il faisait plus de quarante degrés et le paysage sentait la dessiccation, la crispation sous l'effet de la souffrance et du manque d'eau. Quelques *Joshua trees*, ces yuccas hauts sur pied que j'avais rencontrés déjà au sud de la Californie, levant vers le ciel leurs bras ébouriffés de feuilles pointues, au tronc poilu comme de grands singes, quelques cactus ratatinés et de vagues buissons de créosote aux tiges exsangues se tenaient, volontaires, sous un ciel dur d'un bleu acéré, sous un soleil brûlant, exténuant. Plus rien ne subsistait de l'ardeur joyeuse du printemps, des fleurs naissantes et des averses de neige.

Cette route est la plus triste sur laquelle j'aie roulé depuis le début du voyage. L'horizon s'étend à perte de vue dans un léger moutonnement de collines lointaines, la plaine s'étale, aride et surchauffée, haletante, les couleurs se brouillent pour former un gris jaunâtre, sinistre. Je laisse à ma droite une piste qui mène à un pénitencier. Pauvres gars! Ils peuvent toujours tenter de fuir... Jetés dans un pareil fourneau, ils n'iraient pas loin. Sur le côté de la route des panneaux interdisent aux voitures de prendre en stop d'éventuels passagers. Quelles voitures ? Je n'en ai pas croisé une depuis le matin.

De temps à autre un de ces gros camions brillants, tout corsetés d'aluminium, avec leur cheminée qui se dresse contre la cabine, déboule du fond du paysage dans un tremblotement de l'air qui le pare d'une allure magique de mirage. J'aime ces monstres de la route, ils rivalisent de beauté, de couleurs vives, d'élégance, leurs museaux s'allongent souvent comme ceux des loups, d'autres fois au contraire ils s'aplatissent comme un groin, parfois encore ils sont busqués, aquilins. Lorsque je les croise, ma voiture tremble, secouée par l'énorme masse d'air déplacée. On les croirait vides, inoccupés, ils avancent sans états d'âme, ne s'arrêtant jamais, obstinés vers leur but. Mais d'autres autos ? Point. Je prie pour ne pas avoir d'ennui mécanique, je détesterais être en rade sur le bord de cette affreuse route. J'ai coupé la climatisation, fait provision d'eau froide et de glaçons, et je roule doucement pour ne pas échauffer le moteur. Cela dure des heures, il me semble que jamais je ne verrai le terme de ce pays de silence et de feu.

Il me tarde pourtant de franchir la chaîne de

montagnes qui me sépare de la Californie. Au nord de la Vallée de la Mort, elle prend le relais de la plaine de sel, prolonge le grand cirque rose et bleu et fait obstacle aux routes. Vient un moment où l'on renonce à poursuivre son chemin dans de telles immensités. On se dit qu'il vaut mieux s'arrêter et se reposer, même si rien n'y invite le corps et l'esprit. Car à vouloir se mesurer aux grands espaces on perd le sens de sa propre échelle et c'est par un acharnement dont on n'a plus conscience du dérisoire que l'on en vient à s'user soi-même et à se perdre, tel le grand Achab poursuivant jusqu'à la mort l'image du diable incarné. Les montagnes qui s'étendent à ma gauche ont les flancs presque aussi blancs que ceux de Moby Dick, et leurs sommets, acérés et aussi nombreux qu'une ligne de guerriers postés sur les hauteurs, me découragent d'aller plus loin. C'est au matin qu'il convient d'affronter ce genre de grandeur, avec l'énergie du jour neuf, lorsqu'on est reposé et prêt à reprendre la route interminable.

Je t'embrasse donc avant que tombe la nuit vide et brillante, et je disparais dans ma cachette de toile, trop fatiguée pour me soucier de la solitude.

XX

Mercredi 15 juin

Grand moment! Grande découverte! Éblouissante matinée, prends le temps, mon ami, de savourer ces mots, et si tu es pressé remets la lecture de ma lettre à plus tard, lorsque tu seras détendu, que tes yeux seront reposés et tes oreilles grandes ouvertes. Tu es prêt? Alors écoute bien ce que dans son inconsciente bonté l'Amérique vient de m'offrir, comme un cadeau inespéré, un présent inattendu et superbe.

Lorsque je suis repartie hier matin, je n'étais plus très loin de la route qui, d'une vallée à l'autre, conduit en direction de l'ouest à travers les cordons rocheux des montagnes qui prolongent la Vallée de la Mort, jusqu'à la Sierra Nevada. Des chercheurs d'or se sont perdus dans ces régions hostiles où dorment encore des villes fantômes qui attiraient jadis dans une vie d'enfer les avides et les désespérés. Goldfield, Gold Point, Emigrant Pass, Silver Peak, Gold Mountain, voici les noms des lieux de cette région, tous liés à l'or, jusqu'au Montezuma Peak, en référence peut-être aux richesses rêvées, mythifiées par les conquistadores. Plus rien toutefois ne subsiste aujourd'hui de cet éphémère eldorado, ne restent plus que la pierre et la lumière vive, insensibles aux désillusions.

Les pins pignons et les genévriers reviennent, signes avant-coureurs des paysages montagneux secs et ventés sur lesquels la pluie ne se déverse qu'en trombes rares, d'où la douceur et la langueur sont absentes. Au fur et à mesure que je m'élève en altitude, la végétation se modifie, des espèces apparaissent et d'autres cèdent le terrain en une sorte de subtile variation. Le soleil est déjà haut dans le ciel, il fait chaud et la lumière est aveuglante. Je passe un col, à 2 200 mètres d'altitude, la voiture ronchonne doucement. Je vais lentement... La monotonie des plaines grises du Nevada a disparu et chaque virage découvre une vision grandiose, avec bientôt en fond de décor la belle, très belle Sierra Nevada, frangée de neiges éternelles, ligne étirée qui forme un cordon droit, un trait tiré du nord au sud à l'horizontale devant moi, rayant tout l'horizon telle une barrière géante. C'est éblouissant...

Quelques visions de grande beauté sur la route, celle par exemple de lichens vert anis, boursouflés comme de petites éponges, accrochés à des parois verticales d'un noir d'ardoise brillante, si rapprochées de part et d'autre de la route que l'humidité peut s'y concentrer, permettant aux lichens de proliférer à l'ombre dans le presque ruissellement d'une moiteur ailleurs inexistante, image d'une intensité soudaine, quand brutalement la voiture se glisse entre les deux murs foncés sur lesquels s'accrochent en hauteur les plaques fluorescentes, gonflées, taches éclatantes sur la pierre sombre qui agressent l'œil, le détournent, le captent. Je ralentis, fais demi-tour et reviens. Tableau sublime, gratuit, offert aux passants rarissimes, composé pour personne, esthétisme parfait d'une nature ailleurs indifférente, capricieuse, fantasque, brutale, incontrôlable!

Du gris de la plaine, de la teinte jaunâtre et poussiéreuse on passe au gris foncé, aux reflets vert bouteille, aux arbres d'un vert profond, au contraste entre les noirs et les bronze, les émeraude et les olive. L'altitude rend les pierres plus belles et la végétation plus exaltée. Je me sens revivre, malgré la chaleur écrasante. Mais voici le clou du spectacle... Tout ce qui précède n'était que divertissement, et j'espère que tu écoutes toujours attentivement. Soudain, peu de temps après les lichens, je croise une route étroite, à l'entrée de laquelle un panneau indique INYO NATIONAL FOREST — ANCIENT BRISTLECONE PINE FOREST. Je freine brutalement et m'arrête sur le bas-côté, par pur réflexe, car pas un véhicule ne m'a doublée ou croisée depuis deux heures. Aucune mention de cette forêt sur la carte que j'ai... Mais je me souviens que l'on m'a parlé des White Mountains comme d'un refuge pour les Bristlecone, et celles-là, je les vois inscrites en travers — en minuscules caractères — exactement à l'endroit où je dois me trouver.

Je m'engage donc sur la petite route et, alors que je me réjouissais à l'idée de redescendre vers la plaine et de laisser souffler la grosse Chevrolet, me voilà de nouveau en ascension. Les virages en épingle à cheveux se succèdent et seules quelques centaines de mètres séparent les panneaux qui donnent l'altitude, 7 000 pieds, 8 000 pieds, bientôt 9 000. Je m'arrête avant d'atteindre 10 000 (environ 3 000 mètres), pour contempler la vue sur la Sierra tout entière, la plaine en bas où coule la rivière Owens, invisible de si haut, l'énorme horizon tout rempli de reliefs puissants, immense vision élargie tout à coup, plus ouverte et plus vaste encore que celles plus resserrées des canyons. Il y a un banc de bois installé face au paysage, on se demande pour qui. Pour moi sans doute, seule dans le matin clair que l'homme n'a pas troublé, car où que l'on porte les yeux il n'y a nulle trace de sa présence, pas de fils électriques, pas de villages, pas de champs cultivés, pas de routes rayant au loin le paysage, pas de cicatrices.

Je frissonne soudain à la fraîcheur de l'air. À 3 000 mètres d'altitude, la canicule se dilue dans les brises froides des sommets, et la petite chemise que je porte me semble très légère. Je plonge à l'arrière de la voiture pour extraire un chandail de mon sac, je n'en ai pas eu l'usage depuis des semaines me semble-t-il. Je repars, il faut encore grimper, et bientôt je dépasse le panneau qui annonce 11 000 pieds. Et à 3 350 mètres d'altitude, enfin je les trouve, mes pins Bristlecone. Ils se tiennent en bosquets, formant une petite forêt, bien distincts les uns des autres, chacun occupant son territoire, espacés, souverains. La plupart ressemblent à celui que j'ai vu à Cedar Breaks, ils ont entre mille et deux mille ans, on les sent forts, vigoureux, mais il y a aussi des jeunes, des petits arbres encore tout frais, aux aiguilles d'un vert plus clair. Toute une population vit là, en fait, et tous les âges sont représentés.

Ce qui frappe d'abord c'est la nudité du

décor, le sol presque blanc, recouvert de graviers plats d'un gris pâle, l'air d'une pureté translucide, le ciel sans nuages, les collines autour monochromes, discrètes et comme absentes. Et puis, soulignée par cette netteté, cette austère perfection, la puissance des arbres, qui sont dressés tel un défi... L'impression de force étrange que dégagent ces êtres vivants immobiles terrasse, emplit de respect et de crainte. On entre dans cette forêt des anciens comme en un sanctuaire...

Deux pistes partent, très abîmées, là où finit la route goudronnée. L'une conduit au Bosquet du Patriarche, l'autre au Bosquet de Mathusalem. Je choisis la plus longue, celle du Patriarche, et j'engage lentement l'auto sur le chemin caillouteux, défoncé, où ne circulent que les engins des gardes-forestiers, les jeeps des botanistes et des chercheurs en dendrochronologie. Durant les dix-sept kilomètres qui me séparent de l'âge pharaonique, j'avance sur les flancs pelés des White Mountains, dont la végétation a disparu, où seule une herbe rase forme au sol comme un tapis de velours vert amande. Çà et là, des pins Bristlecone se dressent, isolés, vieux, très vieux, petits et ramassés, rétrécis par l'âge. En chemin je franchis la ligne des 12 000 pieds.

Lorsque j'arrive au bosquet, j'y trouve une

famille entière, un groupe d'ancêtres, tous plus majestueux les uns que les autres, grandioses, superbes. On se croirait devant une cour de justice, composée des plus respectables vieillards. Je sors de la voiture et c'est un vent froid qui m'accueille, vent d'un autre monde, d'un autre univers, qui me pousse dans le dos et me fait dresser les poils sous sa morsure. Il gèle presque ici, et c'est cette rudesse même qui conserve les arbres millénaires. Ceux qui sont nés sous Ramsès (ils ont trois mille ans), n'impressionnent pas par la taille, pas plus d'ailleurs que ceux qui étaient déjà là sous l'Ancien Empire, au temps où l'on construisait Khéops, Khéphren et Mykérinos, il y a plus de quatre mille ans. Mais la force qui se dégage de ces arbres, la densité de leur présence stupéfie, il semble qu'on ait affaire à des animaux, de grands représentants d'un ordre supérieur, on s'attend à les voir bouger, se mettre en marche. Se trouver en présence d'un être vivant de cet âge, si vieux, impressionne surtout par l'idée qu'il fait naître d'une personnalité, d'une individualité, ce qui surprend venant d'un végétal. On a tendance à ne pas distinguer une plante d'une autre de la même espèce, une tulipe d'une autre tulipe, un cerisier d'un autre cerisier. Mais lorsqu'on voit les pins Bristlecone, c'est plus qu'un troupeau d'animaux, plus même qu'une foule humaine où l'on peut encore avoir du mal à opérer des distinctions, c'est un groupe d'individus incroyablement différents. Chacun survit depuis des millénaires, et ce qu'il a vécu, ce dont il a entendu les échos, le lointain rugissement du monde reste gravé en lui comme une expérience à nulle autre comparable. Pour rester en vie si longtemps, on ne peut être qu'un individu d'exception. Car tous n'atteignent pas cet âge et ceux qui sont encore vivants aujourd'hui l'ont voulu, ont lutté pour cela.

Leur tronc principal a souvent été foudroyé ou bien il est mort d'usure et de fatigue, quand les branches adjacentes ont pris le relais, au fil des siècles. Le mât central, une fois mort, se dresse vers le ciel tel un appendice de licorne au bois torsadé, comme si on l'avait pincé à la cime et tourné, tourné, tourné. C'est la partie la plus vieille de l'arbre, morte depuis des siècles, des millénaires peut-être, mais autour de laquelle l'arbre repart sans cesse en branches où s'accrochent des gerbes de ces ravissants fourreaux d'aiguilles vert sombre. L'intérieur du tronc, dévoilé par les éclatements successifs dus au gel et aux incendies, souvent fendu sur toute sa hauteur et torturé à vif, montre des veines aux couleurs chaudes qui se crispent toutes ensemble en des faisceaux contournés, comme des filons dans le marbre.

Le Patriarche, énorme, aussi large que haut, est posé sur le sol pentu à la manière d'une colonne ancienne, ventrue et courte. Il dépasse les autres en densité et en volonté de puissance. Il s'est enflé, s'est gonflé du bas, son tronc est énorme, compact, protéiforme. Ses branches partent en hurlant vers le ciel, telles les tragédiennes grecques, les pleureuses anciennes aux bras entortillés, elles se tournent, se vrillent, s'élancent dans un appel douloureux, tout souffre en elles, se rassemble pour résister, on sent la douleur et le ressentiment, on voit la vie se tendre, se concentrer vers un unique objet, on a presque peur devant cette énergie.

Je suis restée longtemps avec les arbres, je marchais sur les pentes de graviers, j'allais de l'un à l'autre, lentement à cause du manque d'oxygène, j'observais leur allure, leur caractère, leur beauté propre. Il y avait les élégants, les princes hauts et dignes, au port auguste, mais aussi les teigneux, crispés et hargneux, ramassés, bougons, amers après tant de jours difficiles. Il y avait les désinvoltes, tumultueux, désordonnés, imprécis et flous dans leur ligne de croissance, primesautiers, rieurs, ceux dont les formes prêtaient à sourire, les artistes sans doute, les fantaisistes. Des philosophes aussi, revenus de tout, placides et francs, calmes, sereins, qui continuaient de pousser lentement, très lentement, conscients des forces d'inertie et de la lancée incommensurable sur laquelle ils semblaient se reposer. Et puis aussi les bébés, perdus dans cette assemblée de doyens, les petits frimeurs aux branches frêles de cent ans, les amuseurs, les futurs caïds aux dents longues, ceux qui déjà partaient pour la grande course au record, qui prendraient le relais des millénaires, s'endurcissant déjà, se mettant en condition, à demi bonsaïfiés par l'envie, la prétention et l'orgueil de leur règne.

Je suis repartie en proie au respect le plus grand, admirative et formidablement bluffée. Je connais bien les arbres, mais ceux-là venaient de me donner une leçon magistrale, de dignité et de prodigieuse majesté. Leur position d'ermites perchés sur les sommets et retirés du monde, en fait les stylites du monde végétal, renforce leur noblesse d'altesses incontestées, de souverains géniaux partis régner hors du royaume. Les cimes éclatantes de la Sierra Nevada m'ont fait soudain l'effet d'un ourlet d'hermine accroché au manteau du ciel, rideau royal d'une toile de fond à l'échelle, sublime.

Je ne peux te parler d'autre chose après cela. Je me contente de t'embrasser, avec la sensation de revenir à la surface après un voyage dans les temps les plus reculés, au tout début de la mémoire humaine. Je pense à toi plus que jamais, à aucun autre moment du voyage je n'ai autant regretté ton absence... Je t'envoie cinq mille ans d'amour !

XXI

Samedi 18 juin

Le lendemain du jour des pins millénaires, j'ai vu autre chose. J'aurais préféré ne pas mélanger les genres, mais ainsi en va-t-il du hasard et des situations qui sont cause de ce que parfois des choses d'intensité proche sont placées très près l'une de l'autre. De même qu'il arrive à certaines personnes de vivre presque dans le même temps deux grandes passions, quand elles n'en connaîtront pas d'autre de toute leur vie... J'avais rejoint la vallée de la rivière Owens et je remontais paisiblement vers le nord, à travers les champs et les pâturages. J'étais revenue à la campagne, en Californie, et je me dirigeais vers le parc de Yosemite, où je comptais entrer par la passe de Tioga, fermée jusqu'en mai par la neige.

Il faut croire que j'avais la tête ailleurs ou que

je me lassais peu à peu de sans cesse étudier les cartes, car je n'avais pas remarqué la présence sur mon chemin du Mono Lake, que je rêvais pourtant de voir depuis le début du voyage. Il est de ces images que l'on traîne avec soi très longtemps, qui nourrissent notre imagination et nous font du bien dans l'énergie qu'elles nous apportent, par la force et la confiance qu'elles nous donnent. On se croit capable de tout pour les rendre vivantes. Le lac Mono faisait partie de ces images, vision hallucinante de paysage lunaire aux couleurs irréelles, que je gardais en moi et qui, à l'instar des pins Bristlecone, avait motivé presque à lui seul le voyage. Tu te souviens peut-être de cette petite photo que j'avais découpée l'été dernier et fixée au mur au-dessus de mon bureau... C'est le Mono Lake!

Eh bien! ce n'est que lorsque j'ai aperçu le panneau de signalisation que j'ai retrouvé mes esprits. S'il n'avait pas été indiqué sur la route, je serais passée tout près sans le voir. Petit lac de mes rêves, que les grands pins m'avaient fait oublier... J'ai failli le manquer! Je n'en reviens pas encore. Mark Twain, qui l'adorait (il l'a certainement visité à l'époque où il était chercheur d'or dans la région) en a fait une description très détaillée, dans je ne sais quel ouvrage. À le lire, c'est un endroit magique, étonnant, surnaturel et c'est exactement l'impression que l'on a lorsqu'on approche de ses rives. Le lac est petit, on englobe facilement d'un large coup d'œil toute sa surface, mais il est entouré d'étranges concrétions de tuf blanc qui forment un décor de tourelles et de colonnes comme taillées dans des blocs de sel, précipitées en un agglomérat de roche très tendre, toute boursouflée. Je te fais grâce du couplet scientifique sur la formation de ces surprenants édifices, c'est bien sûr très intéressant, mais je n'aime pas mélanger deux choses aussi différentes que la géologie et la poésie.

Je dois dire que lorsque je suis arrivée au bord du Mono Lake, je me fichais bien de savoir comment s'étaient construits ces grands échafaudages qui brillaient au soleil. L'eau était d'un bleu profond, presque marine, les prés alentour d'un vert uniforme, le ciel d'un azur clair sans nuage, et ces trois couleurs pures, étales, composaient pour les concrétions immaculées un fond qui en faisait ressortir toute l'originalité et la gracile fantaisie. L'endroit était désert, mais une multitude d'oiseaux — des mouettes — tournoyaient au-dessus de l'eau, d'autres encore nichaient dans les pitons contournés qui surgissaient au centre du lac. Le sel donne toujours aux paysages qu'il envahit l'aspect lunaire des territoires dont la vie est exclue. Ajoutés à l'atmosphère surnaturelle, le calme, le silence des berges tranquilles soulignaient l'étrangeté d'un site dont on avait l'impression qu'il s'était fait d'un coup, par quelque magie formidable.

J'ai hésité à me baigner. L'eau n'était pas très froide, mais elle était salée. Je ne sais quelle réticence m'a empêchée d'aller plus loin qu'un simple effleurement du pied, quel sentiment de retrait inexpliqué m'a envahie, mais je suis restée sur la plage blanche qui borde le pourtour du lac tel un parement brillant. J'ai marché dans les édifices de tuf et les hautes herbes, jaunies déjà par le soleil et le sel. La lumière de fin d'après-midi adoucissait la violence des couleurs, l'eau s'irisait de miroirs clairs, le ciel perdait de son intensité et les concrétions elles-mêmes prenaient une teinte plus jaune, mordorée sous la caresse rasante des rayons du soir. Il y avait dans l'air un parfum de désolation, de nostalgie et de tristesse, mais on n'aurait su dire d'où cela venait. Les cris des oiseaux résonnaient dans un silence trop brutal et le son de leurs plaintes se perdait en de longs échos aigus.

Je suis repartie, juste avant que le soleil se couche, et j'ai pris à Lee Vining, un peu plus haut sur la route, une chambre dans un motel qui donnait sur le lac. J'avais une petite terrasse de bois couverte, et de là j'ai pu contempler les ombres rouges du couchant se poser sur l'eau enfin rendue à la douceur. J'ai passé la soirée sur cette terrasse, il n'y avait aucun bruit, le temps n'existait plus, j'aurais pu penser que j'étais le premier pionnier arrivé sur les rives du lac Mono, j'aurais pu perdre toute notion de ma propre identité, j'aurais pu encore me croire projetée dans un temps d'illusion, enfin j'aurais pu m'imaginer sur une autre planète sans les grappes de lilas qui, d'une pergola voisine, venaient frôler les planches de mon balcon. L'air conservait sa mélancolie et son calme annonciateur d'une fin, lorsqu'on ne sait de sa propre mort ou de celle de l'univers entier laquelle on aura à rendre compte juste après, quand plus rien ne sera plus semblable à rien.

J'ai beaucoup pensé à toi ce soir-là et j'ai compris que je n'aurais jamais pu faire ce voyage avec toi, même si cela signifiait une souffrance et un abandon, celui des illusions qui consistent à nous faire croire que l'on peut tout partager avec l'être aimé. Il y a dans les voyages plus d'instants solitaires que partout ailleurs, et l'on ne peut échapper à l'étreinte de l'isolement, au sentiment indélébile d'être seul au monde, enfermé à jamais dans une prison intérieure inaccessible à tous. Que cela ne t'empêche pas de recevoir mes baisers tendres et mes mots doux... Ils viennent du fond de mon cœur.

Le lendemain matin, toute mélancolie avait disparu et la joie du jour neuf éclatait partout. Il en est ainsi de la succession des jours et des nuits, qu'un instant parfois suffit à chasser les peurs et les nostalgies. J'ai quitté ma chambre très tôt et j'ai pris le chemin de la Tioga Pass, qui pénètre dans Yosemite par l'est. Et de nouveau la route s'attaque à la pente et grimpe jusqu'au col, à plus de 3 000 mètres d'altitude. On s'élève à travers des forêts de pins et de séquoias au tronc rouge, la route tourne, collée à la roche taillée, sur un éboulis de granite gris un mouflon s'enfuit, de minuscules fleurs écarlates s'accrochent aux pentes, et çà et là des plaques de neige brillent au soleil. Il fait un temps splendide, lumineux.

Je traverse des prairies humides, scintillantes dans la lumière, parfois un petit lac forme une tache de saphir sur l'herbe printanière. Il fait frais, on se croirait de nouveau au début de la saison, la fonte des neiges n'est pas encore achevée. Le renouveau de la montagne après l'hiver est toujours un spectacle réjouissant, tous les êtres reviennent à la vie après les mois frileux et pétrifiés et la vitalité s'affiche plus vivement encore, s'exprime dans une pétulance accrue, comme si la saison morte avait stimulé et exacerbé les énergies. Les fleurs dans les prairies se parent de couleurs éclatantes, les animaux sortent de leurs terriers, plus audacieux, plus gais. J'aperçois des biches aux lisières des bois, je vois au bord des ruisseaux filer des furets, des martres peut-être ? Partout on sent vibrer les tiges et les écorces, les fleurs crémeuses des cornouillers se sont ouvertes en larges corolles de soie lisse, les pins *ponderosa* se redressent, déchargés de leurs paquets de neige.

Tu me vois là, allant dans le matin frais des hauteurs, en pleine forme. Mais ça va se gâter... La vallée de la Merced River, principale curiosité du parc, et vers laquelle je me dirige en sifflotant, me réserve une surprise de taille. J'ai senti que quelque chose n'allait pas lorsque j'ai quitté la Tioga Road pour m'engager dans la descente. Il y a eu brusquement comme une affluence de véhicules, une masse d'autocars et de voitures qui se pressaient sur la route. Le paysage avait changé, s'était refermé entre les massifs gris fer couverts de forêts, encaissés autour de la petite vallée, et je me suis sentie prise au piège. Je n'aimais plus du tout me trouver là et j'ai soudain compris que je venais d'entrer dans une des plus populaires « réserves naturelles » de l'Ouest américain, légendaire et vantée par tous, symbole de la nature protégée par décret, puisque Yosemite est l'un des plus anciens parcs nationaux du monde. Et de par cette célébrité, le parc est devenu une sorte d'attraction qui regorge de touristes et d'autocars, entassés dans l'étroit goulet qui longe la rivière, serrés entre les masses énormes des blocs de granite qui tombent à pic en falaises compactes, rassurés par les nombreuses installations qui ont rendu cette nature accessible et presque familière, puisqu'on y trouve des supermarchés, des boutiques de souvenirs et des pompes à essence, exactement comme dans une villégiature du littoral, en pleine saison estivale.

Je fuis, épouvantée, et ma première réaction est de quitter la « réserve ». Je fais demi-tour et reprends la route en sens inverse. La vision, cinq cents mètres plus tard, d'une cascade vertigineuse, et que l'angle de vue m'avait cachée à l'aller, me fait ralentir. Je m'arrête. Jamais je n'ai vu de chute d'eau plus élégante, plus gracieuse, plus subtile dans sa dégringolade, plus languide et molle. Sur près de deux cents mètres de haut, elle tombe, mais le vent le long des parois trempées souffle sur l'eau et la pulvérise en une pluie gazeuse qui s'envole en blancs filaments de mousseline. Le plus beau, c'est le point où l'eau sur le rebord de la roche apparaît. Elle est soulevée en surface par la brise et s'élève sur fond de ciel en une vapeur claire, aérienne, d'une fluidité sublime. C'est la Bridal Veil Fall, la « cascade du voile de la mariée ». Je tempère ma déception, tergiverse, décide de rester au moins une journée. Mais pas question de revenir dans la vallée ! Les couleurs me paraissent fades, après les rouges des canyons, le granite semble terne après les grès multicolores et jusqu'aux arbres qui assombrissent les reliefs, dans une même teinte vert sombre. Prudemment, je me glisse hors de la vallée et me dirige vers le sud, vers Mariposa et son bosquet de séquoias géants. Au moins voir les grands...

La Wawona Road est peu fréquentée et elle découvre de fort beaux paysages. Même s'ils sont moins spectaculaires que ceux que j'ai pu voir en Arizona ou en Utah, ce n'est pas mal ! Je comprends mieux au fur et à mesure que j'avance pourquoi tous les visiteurs se concentrent dans la vallée : le parc est si grand que la moindre destination est à près de cinquante kilomètres... Je roule plus d'une heure avant d'arriver aux séquoias. Je ne te parlerai que du plus beau, les autres n'étant impressionnants que par leur taille et leur volume. Les troncs sont énormes et se dressent tels des mâts, rectilignes, d'un beau rouge sombre, mais la hauteur n'est pas ce qui m'émeut le plus. Le Giant Grizzly, en revanche, est bien plus qu'un séquoia géant. C'est même autre chose qu'un arbre, il ressemblerait plutôt à un monstre rescapé de mille tempêtes et de luttes incessantes avec les éléments, un pachyderme géant aux trompes multiples, un de ces grands animaux mythiques, baleine ou éléphant, mi-dieu mi-bête.

Je n'ai jamais vu d'arbre comme celui-ci. Son tronc a l'apparence d'une peau épaisse et vivante qui pèle par endroits, ses branches se tordent comme sous l'effet d'un influx intérieur, en réaction à une agression dont on ne sait pas d'où elle vient, des temps anciens ou présents, son port même n'est pas celui d'un séquoia de son espèce, mais plutôt celui d'un être végétal aspirant à une autre vie, une autre personnalité. Cet arbre dégage une telle impression de force, de dignité et de puissance qu'on sait immédiatement que l'on est en présence d'un grand. Peu importent sa taille et son âge, curieusement. Il a près de trois mille ans, mais les Bristlecone sont beaucoup plus vieux, il s'élève à environ quatre-vingts mètres, mais des séquoias de l'espèce *sempervirens* le dépassent allégrement. Non! ce n'est pas cela qui impressionne le plus. Ce qui frappe, c'est la vie intérieure qui transparaît de cet arbre hors du commun. Il y a au-dedans de lui une vraie nature, un esprit, un caractère, quelque chose d'unique, qui lui appartient en propre et qu'il a forgé seul, défiant toutes les règles de son genre. C'est évidemment ce qui l'a conservé si longtemps, mais c'est aussi ce qui lui a donné cette forme si étrange, si étonnante.

Il existe chez certaines espèces animales (je pense aux grands singes, mais aussi aux éléphants, aux fauves et aux grands mammifères marins) des individus que les zoologistes de terrain distinguent tout de suite, des personnalités qui se dégagent et que l'on reconnaît, immédiatement. C'est beaucoup plus rare pour les arbres... Le Giant Grizzly (on lui a donné un nom d'animal, d'ailleurs) hurle sa présence en silence, et lorsqu'on l'a vu, qu'on est resté longtemps à se tordre le cou pour essayer d'englober du regard toute sa masse, les autres arbres perdent presque tout intérêt. Exceptés ceux qui portent un nom (ceux justement que l'homme a distingués, parce qu'il les sentait différents), ce ne sont que les clones d'un même schéma, des copies sans âme.

Mais qu'est-ce qui a donné à cet arbre son exceptionnelle identité, son originalité si troublante ? Qu'est-ce qui, depuis des dizaines de siècles, a fait qu'il a su maintenir sa particularité, son individualisme, qu'est-ce qui en lui l'a poussé à ne pas se soumettre aux lois de la norme ? Je ne sais pas... Ou bien n'est-ce qu'un matériau, à l'égal des pierres et des roches, sculpté et tourné par le temps, façonné par les intempéries, travaillé par l'âge ? Je ne peux croire à cela, car alors tous les peuples anciens qui voyaient dans les arbres des symboles supérieurs de sagesse et de noblesse se seraient trompés, et fausse aussi serait la sensation, trompeur le sentiment que l'on a, face à ces êtres vivants, d'avoir affaire à autre chose qu'un assemblage de cellules...

Mais de quoi s'agit-il vraiment ? Où s'arrête la matière et où commence l'esprit ? Un mystère de plus contre lequel notre intelligence peut se heurter indéfiniment, sans parvenir à l'éclaircir... La réponse ne relève pas d'une quelconque pratique de la raison, ni même du sens commun de l'homme, plutôt de la soumission à un ordre supérieur qui régirait les choses de la nature, et auquel nous n'avons accès que par nos sens les plus irrationnels, l'intuition, l'émotion, ces perceptions si subtiles et éphémères.

Il me semble opportun de conclure là-dessus, de quoi pourrais-je parler maintenant ? J'ai planté ma tente à Wawona, près des arbres géants. Je me sens pour la première fois fort impatiente de rentrer, pressée de te revoir et nostalgique de mon pays. J'en ai soudain assez de la grande Amérique, trop grande, trop immense et trop impénétrable. Je t'embrasse trop fort.

XXII

Mercredi 22 juin

Durant les trois jours que j'ai passé à Yosemite, j'ai tenté de voir ce qui apparemment charme tant de gens. J'ai vu des forêts entières ravagées par les incendies, avec les troncs des *ponderosa* morts encombrant les pentes noircies, véritables cimetières sans sépultures dont on n'avait même pas écarté les cadavres. J'ai vu une vallée rendue impraticable par les cars de tourisme et les hordes de vacanciers, résonnant de cris et de bruits de voitures, j'ai vu des chemins de randonnée si fréquentés que l'on se serait cru sur une plage en plein été, j'ai vu où conduit l'organisation d'un système de préservation qui, pour en faire trop parfois, ne fait que donner plus d'emprise à ce qui détruit le parc à grande vitesse.

À quelques heures de marche, sur les hauteurs de Glacier Point, j'ai trouvé des sommets déserts où ne circulait plus personne et d'où l'on pouvait admirer les magnifiques cascades, éblouissantes de légèreté et de panache, qui se jettent des rochers gris et éclaboussent les monolithes imposants et énormes, altiers comme des maîtres, de gigantesques blocs dressés qu'on dirait faits d'un seul métal, quand le soleil au couchant les rase et les fait briller, entrer en fusion d'or cuivré, scintiller comme des montagnes d'airain. Il est question, au département d'État des parcs nationaux, de fermer Yosemite au public. Il semble que ce soit la seule façon d'en assurer aujourd'hui la protection. Cela me paraît en effet la meilleure idée... Rendre à la nature ce qu'on a voulu lui emprunter, le plus maladroitement du monde. Il n'est parfois rien de pire que les bonnes intentions !

Mais je n'ai pas envie de te parler de ce sujet, cela m'a suffisamment déprimée de contempler ces pans entiers de forêt ruinée, ces foules aveugles au désastre, ces rangées d'autobus. J'ai quitté Yosemite par la route qui m'y avait conduite, pour revoir les chapelets de lacs bleu marine où viennent boire les ours et les daims, les prairies semées de fleurs et les futaies fraîches, intactes, pour garder de l'endroit la vision enchantée d'un matin d'été, quand il semble à l'homme, par quelque artifice incompréhensible, qu'il est le premier à découvrir ce qu'il voit, à s'introduire dans l'espace où il pénètre.

C'est sur cette image que j'ai voulu laisser derrière moi la plus décevante des « réserves naturelles » vues jusque-là. C'est devant celle d'une petite rivière à truites, la West Walker River, et ses berges verdoyantes et rieuses que je me suis réfugiée pour souffler. Une campagne en demi-teintes, à la fois accidentée et douce, sauvage et tendre, qui m'accueille pour la nuit, dans le silence et le calme retrouvés des natures restées à l'écart, celles qui s'ouvrirent jadis sous les pas des chercheurs d'or qui n'ont laissé derrière eux que d'hallucinantes villes fantômes, parsemant çà et là le pays de sombres édifices manichéens, où régnaient jadis côte à côte la terreur et la gloire et dont ne subsistent aujourd'hui que la poussière et les ruines.

Indécise, je reprends le lendemain la route vers le nord, je longe le lac Tahoe et ses eaux d'outremer, frangées de sapins aux longs bras effilochés. Sur la surface calme du lac, de vieux bateaux à aubes flânent, comme sur le Mississippi d'antan passaient les autobus fluviaux avec leurs larges roues qui brassent l'eau. Je ne sais pas quoi faire, je voudrais rentrer déjà et pourtant quelque chose m'incite à rester. Un désir de réconciliation peut-être, de retrouvailles avec une sauvagerie dont je voudrais croire qu'elle durera toujours... J'avance, au gré des routes, vers le nord de la Californie, dont je ne sais rien.

La campagne ressemble à celle que décrit Steinbeck dans ses romans, à l'image d'une terre qui renâcle à la discipline, à la réduction, et donne sans cesse à voir aux paysans la mesure de sa grandeur. Horizons infinis, blondis par les champs, forêts immenses en partie défrichées pour laisser la place aux cultures, mais qui, lorsqu'elles se referment sur la route, l'emprisonnent et la perdent, collines rondes, vallons aux formes douces et sensuelles, arbres que le vent secoue tendrement. La paix semble régner, tout est calme, les petites routes avancent au cœur d'un paysage sans trouble, où l'air est comme suspendu. Très peu de maisons, encore moins de villages... Et puis peu à peu, le décor se brutalise, comment dire ? une violence contenue sourd de la terre, la tord, la façonne en de plus brusques reliefs. Des montagnes apparaissent, les forêts s'assombrissent, la lumière brille d'un éclat plus dur, les cieux sont plus bleus, d'un bleu métallique, presque coupant, incisif.

Voici Lassen et ses volcans éteints, ses sources sulfureuses d'où jaillit l'eau brûlante, ses sommets déchiquetés, ses nuages. Nulle part je n'ai vu de plus subtils nuages, immatériels dans l'azur intense, gazeux, étirés comme des chevelures, souples, si souples qu'on les croirait vivants, ailes légères, incomparables au plumage trop lourd des oiseaux, divinement célestes. Ils se promènent au ciel de la réserve volcanique, voyageant par-dessus les monts et les pics enneigés, se mirant dans les lacs glacés. Ici les reliefs dominent un paysage vallonné, boisé de conifères, pins à écorce noire et *ponderosa*, séquoias, sapins et cyprès d'altitude. Les traces des éruptions volcaniques du début du siècle sont encore visibles, pentes dévastées, graviers accumulés dans les ravins, et des fumeroles s'élèvent çà et là, montant du sol craquelé couleur de soufre.

Étrange atmosphère... Personne ne semble s'arrêter à Lassen, de rares véhicules traversent le parc de part en part, au ralenti. Rien n'incite à l'arrêt, il est vrai, pas de services, ni hôtel ni restaurant, pas de *visitor center*, pas de boutique, et, même à cette saison, la fraîcheur des montagnes qui n'engage pas à tenter les nuits à la belle étoile. La clairière où je monte la tente est déserte, un instant j'hésite à m'y installer, j'aurais presque peur d'une si complète solitude, dans un lieu si déroutant. Plus tard j'entends les voix d'un groupe de randonneurs qui vont dresser leur camp non loin. C'est bon, je me sens rassurée, je ne serai pas seule face aux ours cette nuit... Mais les ours, dont on parle tant par ici, ne se sont guère montrés jusqu'à présent. On les dit pourtant peu farouches et prêts aux excursions nocturnes, curieux et malins lorsqu'ils viennent fouiller les sacs des campeurs, pris d'une fringale subite. J'avais imaginé en croiser sur les chemins déserts, mais pas un ne m'a fait le plaisir d'une frayeur. Tant pis pour les ours...

Le soir tombe et le soleil en s'éloignant teinte le voile léger des nuages de rose tendre. Ces nuages volent très haut dans le ciel, beaucoup plus haut que les nuages de plaine, qui s'alourdissent au contact des terres plates. Ils s'étirent en franges, narguent les pins et les séquoias qui cherchent à les atteindre de leurs cimes. Je reste allongée sur le sol, à même les aiguilles de pin sèches qui forment un tapis souple, et je jouis du spectacle, gratuit et magnifique, du couchant rose, orange, rouge, pourpre, violet.

Quand vient le bleu sombre de la nuit, je me lève pour ramasser du bois, il suffit de tendre la main, les branches de pin et de *redwood* jonchent le sol, prêtes à s'engloutir dans une belle flambée odorante. Les flammes montent vite, le bois sec pétille et les bûches ronronnent, il fait doux encore, mais bientôt la fraîcheur va descendre. Comme il semble pourtant facile ce soir d'affronter la nuit qui va venir et recouvrir peu à peu la partie orientale de l'Anneau de Feu, ce cercle fictif tracé par les vulcanologues autour du Pacifique et qui relie les volcans encore en activité le long d'une ligne qui court au bord des grandes plaques tectoniques, le soubassement des continents. Comme tout est calme, malgré la violence souterraine, comme tout à la surface est paisible, abrité, silencieux...

Je jette dans les braises des pommes de terre et des cuisses de poulet, je ris toute seule, je danse un peu, je pense à toi...

Au matin le jour est frais et lisse, tous les matins dans la nature ressemblent à des naissances, il y a dans l'air une sorte de joie diffuse, d'effervescence discrète et légère, un je ne sais quoi d'heureux et d'imprudent, comme si chaque jour nouveau oubliait ce qui la veille a malmené le précédent, l'a trahi. La mémoire du temps semble inexistante, il ne reste de ce qui vient de finir plus aucun souvenir, et c'est la même innocence qui baigne chaque aurore, étrangement. À moins qu'il faille ne rien se rappeler pour continuer à reproduire ce qui, considéré dans son ensemble, apparaît comme une succession de frayeurs et de catastrophes, de destructions et d'irrémédiables pertes...

Les geais qui sautillent près du feu rallumé, rayant l'air de zébrures bleu vif lorsqu'ils s'envolent, une bouchée de pain au bec, me regardent d'un œil brillant, où ne perce aucune émotion. Leur sifflement, très simple à imiter, m'est si familier que je peux « parler geai » des heures durant. Cela ressemble à un dialogue monotone, où sont échangées les mêmes phrases, inlassablement, et dont, tels les enfants qui chaque soir réclament la même histoire, je ne me fatigue jamais. Les conversations peuvent durer dix minutes, un quart d'heure, au gré de la constance de l'oiseau... Conversations dénuées de discours, dont personne ne comprend le sens, bavardage reposant, sans polémique.

Je repère sur la carte que la partie droite de la réserve est constellée de lacs, petits et grands, certains minuscules, formant des sautoirs de taches bleu ciel qu'un chemin relie les unes aux autres. Je laisse la voiture au Summit Lake et je pars à pied. J'ai passé la journée à marcher, et je n'ai pas croisé plus de trois personnes. Lassen est vide, incroyablement déserté, si peu fréquenté que même les sentiers de randonnée sont effacés, à peine visibles sur le sol. À plusieurs reprises je me suis perdue, croyant distinguer un semblant de chemin là où n'était qu'un passage d'animaux, empruntant des pistes qui ne menaient nulle part, revenant sur mes pas, cherchant le nord en me fiant au soleil, irritée de m'égarer si souvent.

J'ai longé le lac du Petit Ours, celui du Grand Ours tout proche, j'ai déjeuné d'un sandwich au bord du lac Argenté, battu en retraite devant les moustiques jusqu'au lac Plume, j'ai croisé l'ancienne route de la côte Pacifique, qu'empruntaient à cheval, à travers les forêts et les vallées, les premiers émigrants venus de l'Est, je me suis baignée dans le lac Upper Twin (le « jumeau du haut ») que bordaient des franges de roseaux jaunes et de grands joncs. Il faisait chaud, mais l'eau était très fraîche, froide même. J'ai ôté mes vêtements et je suis entrée dans le lac transparent, le plus grand de ceux que j'avais vus depuis le matin, brillant dans la lumière, ceinturé de grands pins, entouré au loin de sommets blancs. Je sautais dans l'eau glacée, m'aspergeais, surprise par la douceur de ce froid, la tendresse de cette eau pure, venue droit des montagnes claires. En sortant, je frissonnais de bien-être, c'était délicieux de sentir l'air frais glisser sur ma peau mouillée, d'être ainsi lavée, revigorée par une eau qui plus bas côtoie les entrailles mouvantes de la terre...

J'ai atteint peu après le lac Lower Twin (le « jumeau du bas »), un peu plus petit, puis le lac Echo, autour duquel j'ai crié, sans réponse. Je me suis encore perdue avant de retrouver le chemin du retour. La solitude était telle au cœur de ces montagnes, auprès de ces volcans éteints, que c'en était presque inquiétant. Tout était silencieux, absolument silencieux. Les arbres bougeaient à peine, il n'y avait pas de vent, le paysage restait immobile, comme pétrifié, arrêté par la main d'un dieu qui d'un geste transforme le monde en statue. Il y avait des heures que je marchais, mais rien n'avait changé autour de moi, tout semblait figé. Le temps poursuivait-il sa course, seulement ? J'ai éprouvé le besoin d'aller vérifier... Près du lac Manzanita, à l'entrée ouest de la réserve, il y avait une petite épicerie où venaient se ravitailler les quelques campeurs réunis autour du seul espace « civilisé » de Lassen. J'y ai acheté des bananes et de quoi faire des croque-monsieur, et je suis retournée à mon camp retranché pour y passer la fin de la journée, près du feu que j'ai allumé tôt, sans même attendre le soir. Il y a tellement de bois ici, ce serait dommage de se priver de ces grands feux que je ne reverrai plus d'ici longtemps !

Je crois que mon voyage touche à sa fin, et je ne pense pas qu'il vaille la peine d'accumuler davantage de sensations, j'ai trouvé ici ce qui ferme la boucle parfaitement et donne au voyage sa touche finale, s'accordant à la tonalité générale, de solitude et de grands espaces dépeuplés. Je peux rentrer... Je pourrais bien sûr pousser jusqu'aux deux grands lacs du nord de l'État, Shasta et Clear Engle, mais à quoi bon ? Demain matin, je rejoindrai la côte du Pacifique et j'amorcerai ma descente vers San Francisco. Je me sens déjà comme un cheval excité à l'approche de l'écurie, piaffant de gaieté et d'impatience. Je regarde au-dessus de moi passer langoureusement les longs et fins nuages de Lassen, et je songe avec ravissement au matin où je descendrai de l'avion, et où tu m'attendras, de l'autre côté des vitres. Car tu viendras m'attendre, n'est-ce pas ?

XXIII.

Lundi 27 juin

La Californie du Nord a de ces pudeurs de vieille fille que le sud de l'État n'a pas. La campagne est timide, blonde et tranquille, elle n'a rien de cette ostentation qui agite parfois les grandes terres de culture, elle frémit sous le soleil comme soupirant à la caresse de l'été. Il y règne un air de désuétude touchant, une nostalgie du temps révolu des pionniers qui affleure à chaque détour de la route, avec parfois des mouvements d'une brutalité qui surprend. On m'avait prévenue, pourtant. Je m'étais arrêtée au sortir de la vallée qui sépare la forêt de Lassen de celle de Mendocino, pour demander mon chemin.

Dans la petite baraque où j'étais entrée (un genre de syndicat d'initiative sommaire), une femme m'avait dit : « Faites attention aux camions, ils vont vite. » Mais je ne m'attendais pas à voir débouler les monstres qui dévalent la pente comme s'ils voulaient se ruer jusqu'en bas, occupant toute la largeur de la voie, ne se souciant de rien puisque jamais personne qui n'en soit familier n'emprunte cette route à la montée. Sur les flancs escarpés de la forêt les gros camions chargés de bois s'élancent, roulant à tombeau ouvert sur des pistes étroites et dangereuses, prenant on ne sait comment les virages, soulevant d'énormes nuages de poussière et de sciure, descendant vers la côte les fûts géants qui serviront à construire les maisons. On dirait que l'Amérique s'installe encore, comme aux premiers jours des colons. La peur intacte, on se croirait transporté un siècle en arrière.

La grosse Chevrolet a bien cru ne jamais voir la passe de Mendocino... Je tendais l'oreille, par la fenêtre ouverte, pour entendre le grondement des bolides arrivant vers nous. Les grands arbres laissaient passer la lumière du soleil, dont les rayons, filtrés par le feuillage des pins, tombaient en pluie diffractée, illuminant la poussière. Cela formait comme une nuée scintillante, aveuglante, très belle. Et de temps en temps, sortait du halo un camion rugissant, aveugle et sourd, emporté par la force de son poids énorme, lesté par des troncs géants tressautant sur le plateau où des chaînes les retenaient fixés.

Passé le col, la descente s'est faite dans le calme — les camions n'empruntent pas ce versant — et j'ai plus tard retrouvé la plaine, puis de nouveau des vallons blonds couverts par endroits de bois denses, et où se cachent, sur d'immenses propriétés presque inaccessibles, les planteurs d'herbe du Mendocino County, la région traditionnelle de culture du chanvre indien. On croirait la campagne vide et tout à fait dépeuplée tant sont abritées des regards les plantations et les maisons de ceux qui, depuis les années soixante, ravitaillent en marijuana San Francisco et la Californie tout entière.

Ce qui fut jadis, au temps désormais légendaire des grandes heures d'Haight Ashbury, le fief des cultivateurs hippies façon *Freak Brothers* est devenu le terrain d'expérimentation d'un groupe de jardiniers de haut vol, affinant leurs techniques d'année en année, expérimentant de nouvelles serres « indoor », de nouveaux engrais, de nouveaux pesticides biologiques, de nouvelles conditions de culture, à l'abri des couverts végétaux, indécelables par les hélicoptères qui survolent régulièrement la région, en quête d'un cliché probant, d'une piste, d'un indice... Car seule la voie des airs permet à la brigade des « stups » de pénétrer dans ces domaines que les lois américaines sur la propriété privée protègent mieux que tout.

La campagne des planteurs d'herbe est d'une beauté à la fois tendre et farouche, faite du velours clair des prairies sèches et des taches vert sombre des bois plantés d'arbousiers, de chênes et de pins, d'arbustes, d'herbes folles. Les branches et les troncs des arbousiers perdent leur écorce par endroits, comme si l'arbre muait, et l'écorce rude, en s'écartant, laisse apparaître une nouvelle peau, d'un rouge sang clair, fine et douce comme une joue d'enfant. On s'accroche aux branches des arbres pour progresser dans les bois en pente que ne traverse aucun chemin et le contact avec cette douceur troublante, la sensation soudaine de toucher une matière vivante, si proche de la caresse, de la palpitation, émeut.

La discrétion imposée par cette agriculture hors la loi, loin d'assombrir la terre qui l'accueille, lui donne au contraire une distinction particulière. Ici l'activité humaine se glisse, se faufile, elle ne se montre pas et se prive avec bonheur de toute la prétention et l'orgueil qui entachent le plus souvent les prises de pouvoir de l'homme sur la nature. Il est étrange de voir à quel point, de par le caractère clandestin de leurs plantations, les jardiniers de Mendocino respectent l'harmonie naturelle du cadre dans lequel ils vivent et avec quel soin ils soignent l'équilibre d'un paysage dans lequel doivent se fondre les grandes tiges élégantes du chanvre qu'ils cultivent. Les matins dans la campagne au nord de Laytonville sont purs de toute agitation, vierges de toute précipitation. Les domaines sont immenses, les routes se réduisent à des pistes fermées à l'entrée par des barrières cadenassées, et l'on ne peut entrer qu'introduit par un habitant dans ce qui de loin ressemble à un paradis, de près à une étrange prison dorée.

Mais déjà je quitte les grands domaines des planteurs, pressée de retrouver l'océan et bientôt, de fermer la dernière boucle du voyage. À travers des forêts de séquoias et de rhododendrons, je rejoins l'océan. C'est l'été, la lumière de l'après-midi filtre à travers les frondaisons des grands arbres, la route se coule au creux des vallons ombragés, par la fenêtre ouverte m'arrivent des odeurs de fleurs et de sous-bois, de chaleur sur les prés, de brises piquantes qui bientôt annoncent la côte. La petite ville de Fort Bragg, serrée contre le bord de mer, a des allures de villégiature de début de siècle. On se croirait revenu sur les plages normandes, en juin, quand la mer garde encore ses houles de printemps mais que le ciel déjà s'est éclairci.

Je flâne le long du rivage avant d'entrer en ville. L'air est doux et parfumé, il y a comme une atmosphère de vacances, de mariage ensoleillé. Je traîne dans Fort Bragg, c'est samedi après-midi et les gens font leurs courses au supermarché. La Chevrolet, après des kilomètres sur les pistes de Mendocino County, est si sale que je la fais laver dans un *car-wash* ; la poussière se dilue dans l'eau savonneuse et s'écoule en ruisseaux bruns. Je me suis attachée à cette voiture comme on s'attache à un cheval solide, qui jamais ne bronche et avance toujours, quel que soit le terrain. L'idée de m'en séparer me déplaît déjà... J'achète dans une quincaillerie des graines de séquoias géants. Pourvu qu'ils germent, de retour à Paris ! Puis je m'installe pour la nuit dans un motel tenu par un Chinois, face à la plage.

Au matin me voici de nouveau sur la fameuse route n° 1, celle qui descend jusqu'à Los Angeles et que j'ai empruntée au départ de San Francisco, il y a près de dix semaines maintenant. La côte au nord de la grande ville est aussi sauvage qu'aux abords de Carmel et de Big Sur, mais elle se teinte de nuances plus douces, l'atmosphère y est plus tendre. La lumière, légèrement voilée, ressemble à celle qui baigne le littoral du nord de la France ou de la côte britannique, de l'autre côté du Channel. Je me traîne à vingt miles à l'heure, ne pouvant détacher mon regard des vagues et des rochers éclaboussés d'embruns. Dès qu'un décrochement de la route le permet, je m'arrête et je marche jusqu'au rivage, magnifiquement nimbé de gris clair et de couleurs douces, vert amande des plantes qui s'accrochent aux petites falaises bordant l'arrière des plages en forme de croissant, vieux rose des graminées qui poussent sur la grève, blond du sable et des hautes herbes, blanc des oiseaux qui crient dans le ciel pâle.

Je traverse, de loin en loin, de petites villes charmantes aux maisons de bois peint, où presque rien ne bouge. Little River, Albion, Elk, Point Arena, Sea Ranch, Stewarts Point, Ocean View, Bodega Bay. Les noms me plaisent, je m'attarde le long de la route, je tergiverse, je décide de m'arrêter pour la nuit dans un de ces villages, au moment de rentrer c'est comme si je jouais les timides, je n'arrive pas à me décider, je traînasse. C'est toujours pareil, on croit être pressé, puis on s'aperçoit qu'on ne l'est plus du tout soudain... Cette côte est si paisible, la lumière du début d'été si belle, je retrouve la végétation mélangée de Bretagne et de Méditerranée, je me sens gaie, alerte, prête à poursuivre indéfiniment ce voyage, prête à recommencer une autre boucle de deux ou trois mois, ailleurs, vers l'Oregon et l'État de Washington, jusqu'à Seattle. Tu pourrais me rejoindre et nous irions passer la saison chaude dans les grandes forêts de pins, là-haut, au pays des Indiens de Lévi-Strauss... Mais non ! il faut rentrer.

Déjà Stinson Beach me rappelle à la civilisation et les deux jours que j'y passe me replongent dans l'atmosphère des réunions de famille, quand se côtoient aux mêmes tables dans la douceur de l'air marin venu du large, des destins rassemblés au hasard des invitations, anthropologues de retour d'Afrique de l'Est, déballant sur la table du jardin les trésors accumulés depuis des mois, frêles musiciennes qui jouent Mozart après déjeuner et dont la voix trop grave évoque d'insondables blessures intérieures, femmes mûres au rire puissant qui racontent leur vie à la manière épique des écrivains russes, mêlant le tragique à l'humain dans ce qu'il a de faible et d'émouvant, de dérisoire.

Les fleurs du jardin ont changé, aux glycines et aux lilas du printemps ont succédé dans des jarres de faïence outremer les pavots aux corolles orange ou jaunes, et dans le jardin à la place des narcisses et des camélias sont apparus les tapis de pervenches, les roses et les ancolies, les reines-marguerites multicolores, les chèvrefeuilles odorants, les lupins. Une saison a passé, chargée pour moi de mille visions, de paysages et de sensations, d'intensité, de plaisir et de solitude aussi. Le voyage prend fin et avec lui la vie sauvage hors des sentiers battus, faite à chaque instant de surprises, de petits bonheurs et de simples émerveillements. Étrange sentiment que celui qui clôt une saison et un voyage... Je me sens à la fois vide et pleine à l'instant mystérieux de la transition, cet instant subtil où l'on passe de la fin au commencement, en poursuivant quelque moment qu'à la fois on achève, sans trop savoir de quelle matière est fait alors le temps, d'immobilité ou d'extrême rapidité.

Je retrouve la douce inquiétude du début, quand je n'étais pas encore partie, mais elle s'applique cette fois au retour, quand je ne suis pas encore rentrée. Il me semble avoir trouvé dans le grand Ouest américain ce que j'étais venue y chercher, et même plus, pourtant j'hésite à quitter déjà le pays, je voudrais prolonger, conserver encore un peu l'atmosphère précieuse d'indépendance qui a donné le ton à mon périple, car ce n'est que maintenant, alors que le voyage est fini, que je comprends à quel point j'ai été libre, complètement libre de faire ce que bon me semblait, chaque jour, sans qu'aucune contrainte pesât sur moi, aucune obligation, aucune nécessité. Revoir Paris me comble et toutefois quelque chose m'effraye qui ressemble à de l'appréhension, celle sans doute de retrouver tous les repères de ma vie quotidienne après les semaines passées sans références.

Mais une seule pensée suffit à percer le brouillard qui voile mes idées, celle de t'apercevoir, de courir vers toi et de te serrer dans mes bras, au moment de nos retrouvailles. Sur le dernier tronçon de route qui me conduit à San Francisco, le long de la côte, je regarde au ciel courir les bandeaux de brume qui filent à travers les landes et les bois de Muir Woods. En bas l'océan frappe le rocher, les couleurs éclatent, somptueuses, sous cette fluide écume aérienne qui par instants couvre les collines de lambeaux opaques et masque les reliefs. Au contraste de mes pensées fait écho celui du paysage qui hésite à choisir entre le soleil et l'ombre, l'enthousiasme brillant ou la mémoire secrète. Mes souvenirs déjà se teintent de ce mélange subtil propre aux retours, fait du désir de communiquer aux autres son expérience, de leur « raconter », nuancé de l'inévitable certitude qu'on ne pourra transmettre qu'une vision fragmentaire, orientée, personnelle.

Mais qu'importe, j'arrive !

Cet ouvrage a été rédigé
à partir des notes prises au cours d'un voyage
dans les États américains
de Californie, Arizona, Utah, Colorado,
Nouveau-Mexique et Nevada,
voyage qui n'aurait pas eu lieu sans
l'attribution d'une
bourse Léonard de Vinci
qui m'a été décernée en 1993
par le ministère des Affaires étrangères.

Que Serge François, directeur du programme,
en soit ici particulièrement remercié.

Que soit remercié aussi William Wilson,
qui m'a accompagnée dans mon périple
et avec qui j'ai partagé les grands moments de
ce voyage.

www.ingramcontent.com/pod-product-compliance
Lightning Source LLC
Chambersburg PA
CBHW060952230426
43665CB00015B/2167